Gracia para Vivir

Descubre cómo vivir la vida cristiana y ser parte de los planes de Dios

Martin Field

Copyright © 2015 Martin Field

Copyright © 2015 Editorial Imagen.
Córdoba, Argentina

Editorialimagen.com
All rights reserved.

Todos los derechos reservados. Ninguna parte de este libro puede ser reproducida por cualquier medio (incluido electrónico, mecánico u otro, como ser fotocopia, grabación o cualquier sistema de almacenamiento o reproducción de información) sin el permiso escrito del autor, a excepción de porciones breves citadas con fines de revisión.

Todas las referencias bíblicas son de la versión Reina-Valera 1960, Copyright © 1960 by American Bible Society excepto donde se indica:
TLA - Traducción Lenguaje Actual, Copyright © 2000 by United Bible Societies. NVI - Nueva Versión Internacional, Copyright © 1999 by Biblica. DHH - Biblia Dios Habla Hoy, Tercera edición © Sociedades Bíblicas Unidas, 1966, 1970, 1979, 1983, 1996. Usada con permiso. NTV - Santa Biblia, Nueva Traducción Viviente, © Tyndale House Foundation, 2010. Usado con permiso de Tyndale House Publishers, Inc., 351 Executive Dr., Carol Stream, IL 60188, Estados Unidos de América. Todos los derechos reservados.

CATEGORÍA: Vida Cristiana/Inspiración

Impreso en los Estados Unidos de América

ISBN-13:

EISBN:

INDICE

Pequeña Autobiografía Del Autor 1

Prólogo 3

Introducción 7

El Desafío de la Generosidad: No se trata de ti 9

Jesús conoce tu situación 39

No tengas miedo de ellos 59

La gracia de Dios que enseña cómo vivir 77

Más libros de interés 97

Pequeña Autobiografía Del Autor

Mi nombre es Martin Field y estoy casado con la bella Julia Field, llevamos 18 años de casados y tenemos cuatro hijos. Trabajo con A.B.U.A., la Asociación Bíblica Universitaria Argentina, un ministerio con la visión de compartir a Jesús con los estudiantes de Argentina.

Soy licenciado en Ciencias de la Universidad de Sidney, Australia y también en Teología del Moore Theological College, Sidney. Me encantan los deportes, aunque ahora con 40 años me cuesta más la recuperación (¡especialmente después de jugar contra estudiantes!).

Mi pasión es ver estudiantes cristianos viviendo para

Cristo en la universidad y buscando oportunidades de compartir el amor de Dios con sus compañeros. La universidad no es un lugar solamente para el estudio, sino que es un campo de misión enorme. Y cuando la vida de un estudiante es totalmente transformada por el evangelio, ¡solo Dios sabe lo que pueden lograr!

Prólogo

Romina sintió que Dios le hablaba. Fue en un evento para jóvenes organizado por una de las iglesias más grandes de nuestra ciudad, en Córdoba, Argentina. En ese mes de marzo del año 2009, cuando los días empezaban a refrescar, ella caminaba por el campus universitario orando que Dios le mostrara cómo poder servirle de acuerdo a Su voluntad.

Pasaron unos días, cuando en una cena familiar, mi prima Carolina le comentó que estaba enseñándole español a una australiana que, junto a su esposo, habían venido hace poco a retomar el trabajo con A.B.U.A. Esta organización la forman un grupo tanto de estudiantes como de profesionales, con el claro objetivo de comunicar a Jesucristo a todos los estudiantes y profesionales de la Argentina.

Esto se logra a través de diferentes actividades en la Universidad, como por ejemplo, grupos que se reúnen a leer la biblia, charlas en aulas universitarias, bienvenidas a los nuevos estudiantes y otros eventos.

Volviendo a nuestra historia, Carolina le dio a Romina el número de teléfono de un tal Martin, quien iba a hacerse cargo de A.B.U.A. a partir de entonces.

No muchos días después Romina entraba al hall principal de la Facultad de Ciencias Económicas para conocerlo por primera vez. No hizo falta buscar mucho. Un hombre muy alto, rubio y de ojos celestes ya la estaba esperando.

A partir de ese momento comenzaron los grupos de lectura de la biblia en esa facultad, lo que luego se extendería a otras facultades y por los cuales han pasado ya cientos de estudiantes.

Romina encontró así la manera de expresar su fe y servir a Dios en la Universidad. Desde ese día organizaron eventos, campamentos y brindaron herramientas a los estudiantes con el fin de que puedan conocer a Jesús personalmente.

Romina es desde hace 7 años mi esposa, y es ahora licenciada en Administración. Todo comenzó con un deseo de servirle en el ámbito donde uno vive y se mueve todos los días.

Martin es una persona totalmente entregada al servicio a Dios, pero no solamente él, sino toda su familia. Me impresiona saber todo lo que han dejado en su país para venir a servir a Dios aquí en Argentina.

Por eso cada vez que sé que él tiene un mensaje de Dios para compartir yo soy el primero en estar ahí, pues sé que Dios me va a hablar.

Este libro que tienes en tus manos contiene varias enseñanzas impartidas por Martin en diferentes oportunidades. Así como Dios me habló al leerlas, sé que lo hará también contigo. Mi oración es que este libro no sea solamente más información que acumules para tu bienestar, sino que la palabra de Dios compartida aquí encienda en ti un fuego y un entusiasmo para amar al Señor y servirle con pasión y audacia.

Termino con lo que dijo Santiago:

No se contenten sólo con escuchar la palabra, pues así se engañan ustedes mismos. Llévenla a la práctica. El que escucha la

palabra pero no la pone en práctica es como el que se mira el rostro en un espejo y, después de mirarse, se va y se olvida en seguida de cómo es. Pero quien se fija atentamente en la ley perfecta que da libertad, y persevera en ella, no olvidando lo que ha oído sino haciéndolo, recibirá bendición al practicarla.
Santiago 1:22-25 (NVI)

Andrés Reina

Editor

Introducción

¿Por qué los discípulos de Jesús no entendían lo que él quería decir? Ellos no comprendían la misión de Jesús, ya que los veremos queriendo mantener sus posiciones de importancia entre el grupo íntimo mientras él abría su corazón y compartía desde lo más profundo de su ser la agonía que tendría que vivir dentro de unos días.

Pero notaremos también que Jesús tiene otros planes, pues él pretende expandir ese grupo que le pertenece. Los discípulos deberán aprender humildad y generosidad para aceptar a otros en el equipo.

¿Qué necesitamos para abrir nuestras mentes y ver las cosas como Jesús las ve? Lo descubriremos a medida que leas el primer capítulo de este libro.

Luego abordaremos el tema de la soledad y la traición que viene de los amigos más íntimos. ¿Estaba preparado Jesús para todo lo que iba a sufrir? ¿Entiende él nuestra situación realmente? Lo veremos en detalle cuando leas "Jesús está en control".

También analizaremos los miedos que nos paralizan y cómo debemos reaccionar. Conoceremos algunos detalles en el llamamiento de Ezequiel que nos hablan sobre el miedo de los hombres y nuestras reacciones.

Finalmente veremos que la gracia que trae salvación también nos enseña cómo vivir mientras esperamos la venida de Jesús, porque Él se entregó por nosotros para rescatarnos de toda maldad y purificar para sí un pueblo elegido, dedicado a hacer el bien.

La gracia de Dios, manifestada en Jesús, nos permite nadar contra la corriente y nunca cansarnos, pues nos fortalece constantemente.

1

El Desafío de la Generosidad: No se trata de ti

Me gustaría empezar este capítulo con el siguiente pasaje:

Juan le respondió diciendo: Maestro, hemos visto a uno que en tu nombre echaba fuera demonios, pero él no nos sigue; y se lo prohibimos, porque no nos seguía.

Pero Jesús dijo: No se lo prohibáis; porque ninguno hay que haga milagro en mi nombre, que luego pueda decir mal de mí. Porque el que no es contra nosotros, por nosotros es. Y cualquiera que os diere un vaso de agua en mi nombre, porque sois de Cristo, de cierto os digo que no perderá su recompensa. Marcos 9:38-41 (RVR60)

Analicemos la idea principal de este pasaje: Los discípulos no entienden muy bien la misión de Jesús, ya que aquí los vemos queriendo mantener sus posiciones de importancia entre el grupo íntimo.

Pero Jesús tiene otros planes, él pretende expandir ese grupo que le pertenece. Los discípulos necesitan aprender humildad y generosidad para aceptar a otros en el equipo de Jesús porque hay mucho trabajo.

Tres años, ¿es suficiente?

Hace un poco más de tres años llegamos como familia a la Argentina. Con mi esposa Julia tenemos cuatro hijos con edades entre 9 y 15, todos nacidos en Australia.

Estuve trabajando con un ministerio para evangelizar estudiantes universitarios en Sidney y hemos venido a Argentina para seguir con el mismo trabajo... aunque ahora en otro idioma y en otra cultura.

Llegamos a este país sin saber mucho de español. En mi caso particular yo podía hablar solamente en el presente, es decir, no podía explicar casi nada sobre el pasado. Por ejemplo, no podía decir lo que había hecho el día anterior, ni lo que había hecho hace 5 minutos.

No sabía cómo expresarlo, así que hablaba todo en el tiempo presente.

De manera que mi vocabulario se limitaba en ese entonces a los verbos básicos, tales como hablo, como, vivo, estudio, camino, soy, estoy, etc. Como verás, estaba bastante limitado a la hora de comunicarme con los demás.

Pero pasaron tres años, y tal vez te preguntes cómo me ha ido desde entonces. Pues yo creo que mucho mejor. Ya he incorporado otros tiempos verbales y como familia hemos aprendido no solamente nuevas palabras sino también modismos y regionalismos propios de la ciudad donde vivimos ahora.

Sin embargo todavía falta un largo trecho, tenemos muchísimo más para aprender. Para algunos tres años es mucho más que suficiente para aprender un idioma, pero para mí, no sé: ¡Creo que todavía me va a tomar algunos años más!

A lo que quiero llegar es que aprender un idioma es un proceso, y para algunos significa un proceso bastante largo en el cual siempre hay algo más para aprender.

Y pensando en los discípulos de Jesús: ¿Realmente te parece que tres años con Jesús son suficientes para aprender cómo seguirlo?

En el pasaje que leímos al empezar este capítulo vemos, como en muchas otras partes de los evangelios, que los discípulos no entendían lo que significaba seguir a Jesús.

Es como que los discípulos están hablando siempre en el presente pero Jesús está hablando en otros tiempos verbales, en el tiempo pasado y también en el tiempo futuro. Vemos que los discípulos escuchan… pero no entienden. Muestran que todavía tienen mucho más para aprender.

Al leer los evangelios y ver constantemente que ellos no entendían lo que Jesús decía, sería muy fácil criticarlos, pero la realidad es que nosotros también tenemos mucho para aprender sobre lo que significa seguir a Jesús.

Antes de continuar me gustaría que hagamos una oración juntos para que Dios nos ayude a entender lo que Él quiere enseñarnos hoy sobre cómo seguir a su hijo:

Padre santo,
gracias por este tiempo para meditar sobre tu palabra.
Ayúdanos a entender tu palabra
y ayúdanos a aplicar tu palabra en nuestras vidas.

En el nombre de Jesús,
AMEN.

Más adelante seguiremos analizando Marcos 9:38-41, pero antes quiero que leamos desde el versículo 30 para que tengamos en cuenta el contexto.

El contexto

Habiendo salido de allí, caminaron por Galilea; y no quería que nadie lo supiese. Porque enseñaba a sus discípulos, y les decía: El Hijo del Hombre será entregado en manos de hombres, y le matarán; pero después de muerto, resucitará al tercer día. Pero ellos no entendían esta palabra, y tenían miedo de preguntarle.

Y llegó a Capernaum; y cuando estuvo en casa, les preguntó: ¿Qué disputabais entre vosotros en el camino? Mas ellos callaron; porque en el camino habían disputado entre sí, quién había de ser el mayor.

Entonces él se sentó y llamó a los doce, y les dijo: Si alguno quiere ser el primero, será el postrero de todos, y el servidor de todos. Y tomó a un niño, y lo puso en medio de ellos; y tomándole en sus brazos, les dijo:

El que reciba en mi nombre a un niño como este, me recibe a mí; y el que a mí me recibe, no me recibe a mí sino al que me envió.
Marcos 9:30-37 (RVR60)

¿Cuál es el contexto? Como vemos en el versículo 31, Jesús está instruyendo a sus discípulos, y la cosa más importante que quiere compartir con ellos tiene que ver con su muerte.

En el versículo 31 leemos lo siguiente: *"El hijo del hombre va a ser entregado en manos de los hombres. Lo matarán, y a los tres días de muerto resucitará."* (Nueva Versión Internacional)

Esto es lo que Jesús tenía en su corazón para compartir con ellos. Esto es lo que ellos necesitaban saber y entender. Y no es la primera vez, ni la última que Jesús hablaba así.

Lo que los discípulos no entendían era que Jesús estaba yendo a Jerusalén para morir. Él tiene esto bien en claro. Su misión no era ir a conquistar a Jerusalén con un ejército. Él no iba a empezar una revolución con la gente. No iba a convocar una conferencia con los religiosos de la época.

No, Jesús iba a Jerusalén para morir. Y está llamando a sus discípulos para que vayan con él. Está llamándoles a seguirlo. Está llamándoles a que se nieguen a sí mismos y lleven su cruz. ¡Él va a la cruz, y ellos van con él!

Pero, ¿qué sucede cuando los discípulos escuchan estas

palabras? Leamos otra vez el versículo 32: *"Pero ellos no entendían lo que quería decir con esto, y no se atrevían a preguntárselo"*. (NVI)

La ficha no les cae a los discípulos. Dice la Palabra de Dios: *"No entendían lo que quería decir con esto"*. No fue porque Jesús estaba hablando en parábolas otra vez. Él estaba hablando claramente. No había palabras difíciles, no estaba hablando en lunfardo ni usando regionalismos de la época.

A muy poco de llegar a Argentina vi la película "Nueve Reinas", una película de Argentina donde actuaban varios actores conocidos de aquí. Relata la historia de dos personajes porteños, como se les dice a los que viven en la capital de Buenos Aires.

Esta película tiene muchísimas palabras que no entendía, pues usan mucho el lunfardo y costumbres lingüísticas que en ese momento me resultaron muy difíciles de seguir. ¡Y en realidad hasta hoy no entiendo muchos de los frases de la película!

Pero este no era el caso con Jesús y los discípulos. Jesús no estaba escondiendo su mensaje, aun así vemos en la reacción de los discípulos que es como si hablaran otro lenguaje. Pareciera que tenían otra manera de ver las cosas, pues en ese momento no entendían el propósito de Jesús ni tampoco su misión.

No podían acomodar lo que Jesús decía con sus expectativas. Es como si dijeran: "¿Cómo puede ser que el Mesías que hemos estado esperando con ansias por tanto tiempo esté hablando de morir?"

No entendían que *"ni aun el Hijo del Hombre vino para que le sirvan, sino para servir y para dar su vida en rescate por muchos"*. Marcos 10:45 (NVI))

Y en la conversación que los discípulos tienen a continuación se muestra claramente que no entendían. Imagínate el panorama: Jesús está hablando sobre su muerte en Jerusalén. Está hablándoles sobre Su misión, ¿y cuál es el tema de conversación entre sus discípulos?:

Llegaron a Capernaúm. Cuando ya estaba en casa, Jesús les preguntó:
—¿Qué venían discutiendo por el camino?
Pero ellos se quedaron callados, porque en el camino habían discutido entre sí quién era el más importante. Marcos 9.33-34 (NVI)

¿De qué estuvieron hablando luego de escuchar lo que Jesús les dijo? Ellos estaban discutiendo acerca de quién era el más importante.

¿Te das cuenta de lo ridículo de la situación? ¿Ves la diferencia entre el maestro y los alumnos?¡A mí me parece que estos estudiantes no tienen idea!

Jesús está hablando sobre entregar su vida, dar su vida en rescate por muchos y ellos se están peleando entre sí sobre quién tiene el lugar más importante y por quién merece el título más largo, o quien puede sentarse lo más cerca posible de Jesús.

Con estas actitudes, claramente demuestran que no entienden ni a Jesús, ni su misión en este mundo, ni tampoco lo que significa seguirlo.

Y Jesús tiene que seguir enseñándoles, como lo vemos a través de todos los evangelios, con frases tales como: "no es así en el reino de Dios, tal como es para el maestro, también es para los alumnos. El reino de Dios tiene que ver con servir, con dar, con ser el último, con conceder tus derechos. Tiene que ver con humillarse."

Y para mostrar aun más claramente todos estos conceptos, Jesús toma un niño, lo pone en medio de ellos y abrazándolo les dice:

El que recibe en mi nombre a uno de estos niños, me recibe a mí; y el que me recibe a mí, no me recibe a mí sino al que me envió. Marcos 9:37 (NVI)

¿Qué habrá querido decir Jesús cuando usó la palabra "recibir"? En aquella época recibir a alguien significaba dar hospitalidad. Recibir a una persona en tu casa era poner a ese individuo en un lugar de suma importancia. Y en esa cultura únicamente se recibía en casa a aquella persona que ocupaba un lugar más importante en la sociedad.

No se recibía a aquella persona que tenía un estatus menor al que tenía el hospedador.

Pero Jesús invirtió esta costumbre: Él dijo que el que recibía a un niño, que en ese entonces no tenía mucha importancia, lo estaba recibiendo a él, y, en consecuencia, estaba recibiendo al mismo Dios que lo envió.

Recibir al menos importante es recibir al más importante.

En el reino de Dios hay valores distintos. En el reino de Dios existe la necesidad de humillarse, ponerse aun más bajo que los menos importantes.

 Y ahora que leamos nuevamente los versículos 38 al 41, verás que los discípulos siguen mostrando que simplemente no entienden lo que Jesús está diciendo.

—Maestro —dijo Juan—, vimos a uno que expulsaba demonios en tu nombre y se lo impedimos porque no es de los nuestros. (versículo 38, NVI)

Juan sigue la conversación, quizás buscando la aprobación de Jesús por sus acciones. Claro que Jesús no se alegró mucho con la discusión que tuvieron anteriormente sobre quién era el más importante.

Pero puede ser que Juan haya estado pensando: "Espero tener más éxito con este tema. De seguro Jesús se va a poner muy contento cuando sepa que hemos impedido a un hombre el usar Su nombre".

Pero para sorpresa de Juan y los demás discípulos, la respuesta de Jesús fue muy diferente:

—No se lo impidan —replicó Jesús—. Nadie que haga un milagro en mi nombre puede a la vez hablar mal de mí. El que no está contra nosotros está a favor de nosotros. (Versículos 39-40, NVI)

Otra vez los discípulos muestran que no entienden. No entienden cómo es seguir a Jesús. Otra vez están pensando en ellos mismos y en su propia importancia. No se dan cuenta de que no se trata de ellos.

Ahora bien, ¿Qué sabemos sobre este otro hombre? La

verdad es que no mucho. Sabemos que estaba expulsando demonios. Sabemos que estaba usando el nombre de Jesús y sabemos que no era del grupo de los discípulos.

La frase "no es de los nuestros" literalmente significa "no nos sigue". Es decir que este hombre no formaba parte del grupo íntimo que estaba siguiendo a Jesús.

Eso es todo lo que sabemos, sin embargo a mí me parece interesante, porque los discípulos tampoco sabían mucho sobre este otro hombre. Sólo tenían los tres datos que mencionamos anteriormente, pero nada más.

Y lo que me llama la atención es que no hicieron el esfuerzo de averiguar algo más. No averiguaron quién era, si había tenido un encuentro con Jesús, cuál era su propósito, su experiencia, sus motivos. Nada.

Parece que los discípulos se enfocaron en un punto clave: No es de nuestro grupo. ¿Por qué le impidieron seguir con lo que estaba haciendo? "Porque no es de los nuestros, porque no pertenece a nuestro grupo. Porque no tiene la importancia, ni la posición, ni el título que tenemos nosotros".

Para ellos, estas eran razones suficientes como para

rechazarlo e impedirle continuar con lo que estaba haciendo. Es como si los discípulos estuvieran diciendo: "¿Cómo puede ser que alguien que no es parte de este grupo tan importante esté usando el nombre de Jesús para expulsar demonios?"

Al ver semejante reacción por parte de los discípulos surge entonces otra pregunta: ¿Por qué actuaron así?

Por un lado puede ser por celos. Es interesante notar que en el mismo capítulo 9, pero en el versículo 18, el evangelista relata la experiencia de los discípulos cuando un hombre les pidió que le ayudaran expulsando un demonio. No tuvieron éxito. No lograron hacerlo, pero de pronto aquí vemos que este hombre al que ellos impidieron usar el nombre de Jesús pudo hacer lo que ellos no podían.

Sin embargo, creo que la actitud de los discípulos va mucho más allá que simplemente los celos. Creo que querían mantener la importancia de su grupo.

Querían mantener el control del uso del nombre de Jesús. Querían mostrar que ellos eran 'los elegidos', el grupo especial de Jesús.

¿Cuál fue el problema de este hombre? Pues que simple y sencillamente no pertenecía al grupo de los discípulos, el grupo especial.

Lo que sucede aquí realmente es que todo gira en torno al mismo tema: ¿Quién es el más importante?

Antes la discusión se dio entre los mismos discípulos, pero ahora vemos que es entre ellos y cualquier otra persona. Pareciera que los discípulos aspiran a mantener sus posiciones y proteger la importancia de su grupo. Es como si quisieran limitar el equipo de Jesús a unos pocos: "Hay lugar para 12 y nadie más. No hay vacantes".

Hay un sitio de construcción cerca de nuestra casa y tiene un afiche grande que dice, en letras bien grandes para que todos lo vean: "No hay vacantes. No nos pidan". Básicamente le están diciendo a la gente: "No hay más trabajo aquí, ya tenemos lo que necesitamos, no insista".

Y los discípulos están diciendo lo mismo: "No hay más trabajo. Ya estamos bien, gracias. No nos pidan".

Pero, ¿cuál es la reacción de Jesús? Sigamos leyendo el resto del pasaje para averiguarlo:

—*No se lo impidan* —*replicó Jesús*—. *Nadie que haga un milagro en mi nombre puede a la vez hablar mal de mí. El que no está contra nosotros está a favor de nosotros. Les aseguro que cualquiera que les dé un vaso de agua en mi nombre por ser ustedes de Cristo no perderá su recompensa.* (Versículos 39-41, NVI)

Vemos que la reacción de Jesús es muy diferente a la que los discípulos esperaban: Vemos aquí que él quiere hacer lo opuesto. Jesús dice, no, ustedes se equivocaron. No se lo impidan.

Si este hombre lo hace en mi nombre, está diciendo que confía en mí, que tiene una relación conmigo, que reconoce mi autoridad. Y si este es el caso, tampoco puede al mismo tiempo hablar mal de mí.

Vemos la importancia de la frase 'en mi nombre'. Para Jesús, que este hombre usara esta frase no era solo una cuestión de 'palabras mágicas'. No es solo usar una fórmula de palabras. La frase refleja una confianza, una relación, un reconocimiento de su autoridad.

Muestra que este hombre está en el mismo equipo. Los discípulos necesitaban abrir sus mentes, expandir sus ideas.

"El que no está contra nosotros está a favor de nosotros". Este hombre está actuando en el nombre de Jesús, confiando en Jesús, entonces está con Jesús.

Sí, hay una división. Pero la división no es entre el grupo íntimo de Jesús y el resto. La división es entre los que confían en Jesús reconociendo su autoridad y los que están en contra.

Lo que los discípulos no entendían era que el equipo que Jesús estaba formando era mucho más grande de lo que ellos se habían imaginado. Lo que tenían que comprender era que ellos no tenían los derechos exclusivos sobre Jesús.

El versículo 41 nos muestra claramente que Jesús sigue expandiendo este equipo:"Les aseguro que cualquiera que les dé un vaso de agua en mi nombre por ser ustedes de Cristo no perderá su recompensa."

Este equipo no consiste solamente en los predicadores, en los apóstoles, en los hacedores de milagros ni en los músicos cristianos. Tampoco se compone solamente de aquellos que llenan estadios, ni en los que tienen programas de televisión ni en los reconocidos mundialmente. Incluye también aquellos que apoyan y que ayudan. Incluso en algo tan sencillo como un vaso de agua.

Pero la clave de este pasaje está en la frase "en mi nombre" y "por ser ustedes de Cristo". Esto es lo que verdaderamente importa: la confianza en Jesús y nuestra relación con Cristo. Todos los que confían en Cristo, los que actúan en su nombre, también están con Cristo.

Me parece que los discípulos pensaban de sí mismos como estrellas de un equipo de fútbol. Los jugadores estrella destacan por su talento dentro de la cancha. Es fácil pensar que todo depende de ellos pues tienen los roles más importantes: goleadores, delanteros, arqueros, los números 10 del mundo, etc. ¡Los discípulos pensaban que fuera de ellos no había nadie más!

Pero la realidad indica algo muy diferente, en un equipo de fútbol si alguien brilla es también gracias al trabajo de otra persona que seguramente no conoces. Un equipo es mucho más grande que un jugador estrella.

Todos sabemos que es así porque se necesitan a los directores técnicos, a los entrenadores, a los médicos y a los preparadores físicos. Pero todavía hay más, pues también se necesitan de los administradores, los contadores, los dueños de los pases y la lista sigue. Todos están involucrados, hasta el chico que lleva el agua a la cancha y hasta el que alcanza la pelota detrás del arco.

A esta altura vemos que los discípulos tienen que

cambiar urgentemente su manera de pensar. Están tan enfocados en su aparente importancia, en su cercanía con Jesús y en sus propios ministerios que no pueden ver qué tan grande es el equipo de Su propio Maestro.

Este equipo los incluye no sólo a ellos, sino también a todos aquellos que confían y actúan en el nombre de Jesús.

Cuando leo este pasaje me surge una pregunta: ¿Qué hacemos con alguien que está actuando en el nombre de Jesús, pero es muy claro que sus acciones, o sus creencias, no van de acuerdo a la palabra de Dios?

Según este pasaje, ¿Tenemos que aceptarlos por igual?¿Lo que sea que hagan está bien simplemente porque están usando el nombre de Jesús?

Para responder esta pregunta es muy útil e importante revisar nuevamente el contexto de la historia.

Es una lástima que la mayoría de nuestras biblias hoy en día tengan divisiones con títulos. Por un lado es útil pues nos sirve para encontrar los pasajes fácilmente, pero la mayoría de las veces perdemos las conexiones entre ideas.

Por ejemplo, lo que tenemos en este pasaje de Marcos

9 es una conversación que va desde el versículo 33 hasta el versículo 50.Pero al menos en mi Biblia, tengo esta conversación dividida en tres partes.

Leamos otra vez desde el versículo 39:

—No se lo impidan —replicó Jesús—. Nadie que haga un milagro en mi nombre puede a la vez hablar mal de mí. El que no está contra nosotros está a favor de nosotros. Les aseguro que cualquiera que les dé un vaso de agua en mi nombre por ser ustedes de Cristo no perderá su recompensa. Pero si alguien hace pecar a uno de estos pequeños que creen en mí, más le valdría que le ataran al cuello una piedra de molino y lo arrojaran al mar.

¿Qué te parece?

¿De verdad crees que a Jesús no le importa lo que alguien hace o dice cuando está actuando en su nombre?¡Claro que le importa!

Es más, Jesús da una advertencia muy fuerte contra cualquiera que trate de hacer pecar uno de estos pequeños que creen en él. Yo creo que aquí Jesús está hablando, en primer lugar, contra falsos maestros que enseñan cosas para extraviar los creyentes. Este tipo de personas, ya sea por su ejemplo de vida o por sus herejías, guían a 'estos pequeños' por falsos caminos.

Vemos entonces que no cualquiera que usa el nombre de Jesús es digno de confianza. Fíjate lo que sucedió con la iglesia primitiva. Leamos la historia en Hechos 19:13-17:

Algunos judíos que andaban expulsando espíritus malignos intentaron invocar sobre los endemoniados el nombre del Señor Jesús. Decían: «¡En el nombre de Jesús, a quien Pablo predica, les ordeno que salgan!» Esto lo hacían siete hijos de un tal Esceva, que era uno de los jefes de los sacerdotes judíos.

Un día el espíritu maligno les replicó: «Conozco a Jesús, y sé quién es Pablo, pero ustedes ¿quiénes son?» Y abalanzándose sobre ellos, el hombre que tenía el espíritu maligno los dominó a todos. Los maltrató con tanta violencia que huyeron de la casa desnudos y heridos.

Cuando se enteraron los judíos y los griegos que vivían en Éfeso, el temor se apoderó de todos ellos, y el nombre del Señor Jesús era glorificado. (NVI)

Vemos claramente que no es una buena idea jugar con el nombre de Jesús. Podemos decir entonces que hay un lugar para el discernimiento. Tenemos que aprender a distinguir todo espíritu. Los discípulos tenían que tener cuidado con esto.

Ahora bien, ¿cuál es la idea principal de este pasaje?

Vemos que los discípulos no entendían la misión de Jesús porque querían mantener sus posiciones de importancia entre el grupo íntimo. Pero Jesús quería hacer justamente lo contrario, es decir, expandir el grupo que le pertenecía.

Los discípulos necesitaban aprender humildad para aceptar a otros en el equipo de Jesús. Necesitaban aprender a ser generosos. Tenían que aprender a ser capaces de ver que el equipo de Jesús era mucho más grande que los 12. Necesitaban ver que en realidad había trabajo para muchos.

Ahora bien, ¿Cómo podemos aplicar este pasaje a nuestras vidas?

El ejemplo de Pablo

En el libro de Filipenses yo creo que vemos a Pablo aplicando este pasaje a sus circunstancias personales.

Hermanos, quiero que sepan que, en realidad, lo que me ha pasado ha contribuido al avance del evangelio. Es más, se ha hecho evidente a toda la guardia del palacio y a todos los demás que estoy encadenado por causa de Cristo. Gracias a mis cadenas, ahora más que nunca la mayoría de los hermanos, confiados en el Señor, se han atrevido a anunciar sin temor la palabra de Dios.

Es cierto que algunos predican a Cristo por envidia y rivalidad, pero otros lo hacen con buenas intenciones Estos últimos lo hacen por amor, pues saben que he sido puesto para la defensa del evangelio. Aquéllos predican a Cristo por ambición personal y no por motivos puros, creyendo que así van a aumentar las angustias que sufro en mi prisión.

¿Qué importa? Al fin y al cabo, y sea como sea, con motivos falsos o con sinceridad, se predica a Cristo. Por eso me alegro.
Filipenses 1:12-18 (NVI)

¿Puedes apreciar la actitud de Pablo? Se encuentra preso y encadenado, pero aun así está lleno de alegría. Por qué? Porque los hermanos están predicando el evangelio sin temor.

Pero fíjate que Pablo resalta que no todos están predicando con buenos motivos. Algunos lo hacen simple y sencillamente por envidia y rivalidad. Por ambición personal. Están tratando de provocarle problemas.

O puede ser que estaban intentando ganar seguidores para ellos mismos, para que la gente les sea fiel a ellos y no a Pablo. Parece que de alguna manera querían ejercitar poder en el grupo.

Pero me llama mucho la atención lo que Pablo dice en

el versículo 18: *"¿Qué importa? Al fin y al cabo, y sea como sea, con motivos falsos o con sinceridad, se predica a Cristo. Por eso me alegro."*

Pablo había aprendido de Cristo. No es que no le importaba lo que alguien predicaba. En esa misma carta Pablo llama a algunos falsos maestros 'los perros'.

Pero en este caso en particular están predicando el mismo mensaje, solo que con falsos motivos. Y Pablo se alegra. Porque se predica a Cristo. El nombre de Cristo está siendo predicado, y esto es lo importante.

Lo relevante no es cuántas personas tiene en su grupo, o cuántos le son fieles a él ni que estos otros le hacen difícil la vida. Lo que es importante es que se predique a Cristo.

Vemos una generosidad en el ministerio de Pablo, porque la verdad es que no es su ministerio sino que es el de Cristo. Tenemos mucho para aprender de esto. Creo que hay dos tendencias problemáticas donde tenemos que aplicar esta palabra del Señor.

Algunos de nosotros necesitamos aprender junto a los discípulos de qué se trata verdaderamente la generosidad. Tenemos que recordar que no es mi ministerio. Tengamos siempre presente que el equipo es más grande que yo.

Hay una actitud muy frecuente en la mayoría de los cristianos hoy en día, y cuando recién llegamos a Córdoba me llamó mucho la atención.

Tuve el privilegio de asistir a algunas reuniones donde había gente de distintas iglesias y diferentes denominaciones, eventos tales como reuniones de líderes de jóvenes, congresos, seminarios, etc. Al entablar conversación con cualquiera de los asistentes la pregunta más común que me hicieron fue en qué iglesia estaba congregándome.

Yo respondía: "en la iglesia Jesucristo Rey". Y muchas veces la respuesta era: "Mmm… ¿Qué iglesia es? ¿De quién es la iglesia?" La verdad es que no sabía muy bien cómo responder, así que simplemente decía: Bueno… es la iglesia de Jesucristo". Y parece que no era suficiente, pues volvían a preguntar: "Sí, sí, pero ¿quién es el pastor?"

Fue entonces cuando me di cuenta de que muchas de las iglesias de la ciudad son conocidas como "la iglesia de… tal persona". Muchas veces somos como los discípulos. Pensamos en "mi ministerio", "nuestro grupo", y no reconocemos que Dios tiene un equipo mucho más grande.

Algunos aun lo llevan hacia un extremo todavía más peligroso, pues dicen, por ejemplo, que no hay salvación fuera de su iglesia y que tienes que ser bautizado en su iglesia sí o sí para ser un verdadero cristiano. Claramente, esto es una enseñanza falsa, una herejía. La salvación se obtiene por fe en Jesucristo y no por pertenecer a una iglesia en particular.

Lamentablemente esta actitud no solamente la vemos en aquellos que la llevan al extremo. Es fácil en la iglesia pensar que mi ministerio es más importante que el de los otros. O que lo hago para sentirme importante, para sentir que he llegado. O me siento un poco celoso cuando el ministerio del otro anda mejor que el mío. O si estoy siempre preocupado con los números en MI ministerio.

Lo que Jesús está enseñándonos aquí tiene que ver con la generosidad. Jesús desea ver en nosotros una generosidad en nuestras relaciones con las demás personas. Una generosidad que viene del evangelio. Porque si entiendo bien el evangelio, lo que va a ser importante para mí y lo que va a alegrarme no es el crecimiento de mi ministerio, de mi grupo y de mi iglesia, sino el crecimiento del reino de Dios, con la finalidad de que el nombre de Jesús sea predicado en todo el mundo.

Hay un desafío para cada uno de nosotros. El desafío es que tengamos esta generosidad en nuestras relaciones dentro de la iglesia, y con otros creyentes afuera de la iglesia también. Es un desafío para nosotros como iglesia, para que lleguemos a ser una iglesia generosa, una iglesia que se alegra cuando el evangelio es predicado, no importa si hay más o menos personas en nuestros bancos.

¿Estamos dispuestos como iglesia a invertir tiempo y recursos en actividades que son buenas para el evangelio, sin que nosotros tengamos más asistentes a nuestros cultos?

Esta generosidad también es la base en la que se sustentan las misiones. Si yo estoy constantemente pensando solamente en el crecimiento de mi grupo, de mi ministerio y de mi iglesia, no voy a apoyar las misiones.

¿Cuál es la razón por la que alguien decide dar apoyo a un ministerio en el África? ¿O en el interior de la Argentina? ¿O en una localidad a sólo 30 kilómetros de aquí como puede ser Despeñaderos?

Estas personas claramente nunca van a venir a mi iglesia. Es posible que yo nunca vaya a ver los frutos de este ministerio personalmente. Entonces por qué daría yo de mi tiempo, de mi dinero y del mayor de mis esfuerzos para algo que no ayuda a mi ministerio?

Porque tengo la generosidad que viene del evangelio. Solo si abrimos nuestras mentes para ver las cosas como Jesús y solo si entendemos que el equipo de Jesús es más grande, entenderemos las misiones. Tenemos que recordar que no se trata de mí ni tampoco de mis amigos. Solo vamos a apoyar a las misiones si tenemos esta visión, este deseo de ver a Cristo predicado en todo el mundo, por la causa de su nombre y no por el crecimiento de mi ministerio ni de mi importancia.

Si algo te queda de este capítulo que sea lo siguiente: recuerda que no se trata de ti. No es mi ministerio. No soy indispensable. La importancia de mi vida no está en mi ministerio.

Estoy sirviendo al Señor...y tengo que aprender a alegrarme en Él y en Su evangelio. Que nos alegremos en el crecimiento del reino, no simplemente en el crecimiento de mi grupo.

La segunda aplicación de esta enseñanza de Jesús tiene que ver con una tendencia opuesta....

Hay muchísima gente calentando bancos en nuestras iglesias hoy en día que piensan lo siguiente: "Lo que yo hago no es importante". O tal vez piensen: "yo no tengo un rol ni puedo ofrecer un servicio, no soy predicador, ni músico ni tampoco maestro de escuela dominical, así que no tengo nada para ofrecer". Básicamente están diciendo: "No estoy en el equipo, así que soy un espectador".

Pero leamos otra vez lo que Jesús les dijo a sus discípulos: *"El que no está contra nosotros está a favor de nosotros. Les aseguro que cualquiera que les dé un vaso de agua en mi nombre por ser ustedes de Cristo no perderá su recompensa"*. Marcos 9: 41-42 (NVI)

Si confías en Cristo y si tienes una relación con Él, ya estás en el equipo. Y hay mucho para hacer. Y Jesús da como ejemplo el acto más sencillo: dar un vaso de agua en Su nombre. No hay algo más sencillo de hacer que esto. Y Jesús valora esta acción.

Nos equivocamos cuando pensamos que para servir a Dios necesitamos un "título", un diploma o un ministerio. Nos equivocamos si pensamos que únicamente los dones públicos, como enseñanza o profecía o música, tienen valor para Dios.

Nos equivocamos si creemos que solamente las actividades con mucha gente y enorme concurrencia tienen mayor importancia. No es así.

Hay tantas oportunidades para servir que sería imposible nombrarlas a todas, y la mayoría no tiene un título importante dentro de nuestro lenguaje eclesiástico. Tomemos algunas a modo de ejemplo:

- Tomar un café con alguien nuevo de la iglesia.
- Pasar tiempo con un vecino enfermo.
- Orar con 1 o 2 hermanos después del culto
- Cuidar a los chicos de una familia de la iglesia.
- Invitar a un compañero a la obra de teatro de navidad
- Prestar un libro a uno de los jóvenes.
- Dar dinero a una organización misionera.

La lista no tiene fin...

Todo esto y más se puede hacer en el nombre de Jesús. Y la mayoría de estas actividades son cosas que no van a recibir el aplauso de la gente. Pero Dios lo ve. Él sabe. Y para Él tiene suma importancia.

¿Cuál es la solución a estos dos problemas? La clave es conocer bien a Jesús y estar al tanto de su propósito. Como lo hemos leído anteriormente:

"Porque ni aun el Hijo del hombre vino para que le sirvan, sino para servir y para dar su vida en rescate por muchos." Marcos 10.45 (NVI)

Tenemos que reconocer que su propósito y su misión era servir, no ser servido. Y la esencia de seguirlo es igual. Servir, dar al otro y alegrarnos en la salvación que él logró por nosotros.

Servirle a Él, servir a mi prójimo y alegrarme en la salvación que Él nos da. En estas cosas encuentro mi significado e importancia.

2

Jesús conoce tu situación

Mi mamá, una mujer muy sabia, siempre nos decía cuando éramos pequeños: "Hay una gran diferencia entre ESTAR SOLO y SENTIRSE SOLO".

Como madre de 4 niños muy cercanos en edad (mi hermano menor y yo nos llevamos solo 15 meses, por ejemplo), ella siempre estaba buscando un momento para estar sola un tiempito, aunque sea por un momento.

Fue muy difícil apartar un momento para escapar de las demandas de 4 niños pequeños, las tareas de la casa, la empresa familiar, etc. Sin embargo, ella nos decía y repetía: "si estoy sola no significa que me siento sola".

Creo que hay una gran verdad en esta frase, pues yo sé que a Julia, mi esposa, también le encanta tener momentos a solas, lejos de las demandas de los 5 niños que hay en su casa (me incluyo entre los niños).

Generalmente el único lugar donde mi esposa encuentra estos momentos solitarios es en el baño, es como si dijera "por favor, denme cinco minutos de paz sin interrupciones"... Tal vez las madres puedan relacionarse con esto.

La cuestión es que estar solo puede ser una linda experiencia. En realidad es algo importante en la vida, pues te permite tener momentos apartados de la gente, incluso de los seres queridos, para pensar, para reflexionar y para hablar con Dios.

Y vemos en la vida de Jesús que Él buscaba esos momentos, pues reiteradamente leemos en las Escrituras que se hacía una escapada a los montes para orar y meditar, para recuperarse y conectarse con Su padre, lejos de las demandas y peticiones de la gente.

Es saludable estar solos, pues nos ayuda a pensar, meditar, y en el caso de Jesús, a conectarse con su

Padre. Pero sentirse solo es otra cosa. No es una linda experiencia.

Aunque es una experiencia muy común para la mayoría de las personas y una parte de la realidad humana, lo cierto es que no es muy agradable sentir esa agobiante soledad. Me imagino que a medida que estás leyendo esto tal vez recuerdes aquel momento cuando te sentiste solo o sola.

Muchos se sienten solos en la ciudad desde donde estoy escribiendo esto, en Córdoba, Argentina. Aquí tenemos una de las universidades nacionales más reconocidas del país, por lo que muchos estudiantes dejan su ciudad natal y se radican aquí para estudiar, lejos de sus familias en una ciudad grande, lejos de sus hogares. Y muchos de estos estudiantes se sienten solos, a pesar de estar rodeados de otros estudiantes.

Otros se sienten solos porque sus relaciones familiares se han roto, o porque se rompió su noviazgo, o porque sus familias no entienden su fe cristiana. Hay una multitud de razones y numerosas posibilidades.

Lo cierto es que no es nada bonito sentir que andas en el mundo sin apoyo, sin una conexión profunda con otros. Es muy feo sentir que si no estuvieras aquí nadie se daría cuenta. No es muy agradable el sentir que si no estarías nadie preguntaría por ti ni averiguaría dónde estás para ir a visitarte.

Hoy en día demasiada gente siente que tiene una conexión mucho más profunda con sus perros que con otras personas.

Y a veces es difícil creer que Dios entiende nuestra situación. Sabemos que Jesús sufrió, pero ¿realmente entiende Él nuestras experiencias? Pensamos que sí, que Él sufrió, pero que como Él es Dios entonces no le dolió tanto. Pensamos que para Él no fue tan difícil. Es como que Jesús tenía otra experiencia humana, no tan real como la nuestra.

Si eso es lo que piensas entonces espero que con el pasaje de esta sección puedas ver 2 cosas muy importantes. Primero me gustaría que puedas ver que Jesús sí entiende nuestra experiencia humana en su totalidad. Él entiende mejor que nadie lo que es sufrir y cómo es sentirse solo.

Y segundo, espero que puedas crecer en tu conocimiento de la profundidad del amor de Jesús, este amor que sobrepasa todo entendimiento.

Vamos a estar enfocándonos en Marcos 14:17-21, pero para tener el contexto en cuenta, leamos desde el versículo 12 hasta el 31:

El primer día de la fiesta de los panes sin levadura, cuando sacrificaban el cordero de la pascua, sus discípulos le dijeron: ¿Dónde quieres que vayamos a preparar para que comas la pascua?

Y envió dos de sus discípulos, y les dijo: Id a la ciudad, y os saldrá al encuentro un hombre que lleva un cántaro de agua; seguidle, y donde entrare, decid al señor de la casa: El Maestro dice: ¿Dónde está el aposento donde he de comer la pascua con mis discípulos?

Y él os mostrará un gran aposento alto ya dispuesto; preparad para nosotros allí. Fueron sus discípulos y entraron en la ciudad, y hallaron como les había dicho; y prepararon la pascua.

Y cuando llegó la noche, vino él con los doce. Y cuando se sentaron a la mesa, mientras comían, dijo Jesús: De cierto os digo que uno de vosotros, que come conmigo, me va a entregar.

Entonces ellos comenzaron a entristecerse, y a decirle uno por uno: ¿Seré yo? Y el otro: ¿Seré yo? Él, respondiendo, les dijo: Es uno de los doce, el que moja conmigo en el plato. A la verdad el Hijo del Hombre va, según está escrito de él, mas ¡ay de aquel hombre por quien el Hijo del Hombre es entregado! Bueno le fuera a ese hombre no haber nacido.

Y mientras comían, Jesús tomó pan y bendijo, y lo partió y les dio, diciendo: Tomad, esto es mi cuerpo. Y tomando la copa, y habiendo dado gracias, les dio; y bebieron de ella todos.

Y les dijo: Esto es mi sangre del nuevo pacto, que por muchos es derramada. De cierto os digo que no beberé más del fruto de la vid, hasta aquel día en que lo beba nuevo en el reino de Dios.

Cuando hubieron cantado el himno, salieron al monte de los Olivos. Entonces Jesús les dijo: Todos os escandalizaréis de mí esta noche; porque escrito está: Heriré al pastor, y las ovejas serán dispersadas. Pero después que haya resucitado, iré delante de vosotros a Galilea.

Entonces Pedro le dijo: Aunque todos se escandalicen, yo no. Y le dijo Jesús: De cierto te digo que tú, hoy, en esta noche, antes que el gallo haya cantado dos veces, me negarás tres veces. Mas él con mayor insistencia decía: Si me fuere necesario morir contigo, no te negaré. También todos decían lo mismo. Marcos 14:12-31 (RVR60)

Jesús está en control

La primera cosa que notamos en este pasaje es que Jesús está en control. Él sabe bien lo que va a pasar. No hay sorpresas inesperadas para él.

En el versículo 18 Jesús dice: *"Les aseguro que uno de ustedes, que está comiendo conmigo, me va a traicionar"*. Esta afirmación no es una adivinanza de Jesús, él no estaba jugando con sus discípulos preguntándoles: "adivinen qué va a pasar ahora".

Cuando dice: "Les aseguro" está usando una palabra que en griego se traduce como "AMEN", y significa algo seguro, algo cierto. Jesús sabe y conoce su propio futuro, para Él no hay sorpresas.

Y no solamente vemos que Jesús sabía sobre los acontecimientos futuros cuando menciona sobre su traición. En los versículos 12 al 16 Marcos nos cuenta qué pasó con las preparaciones para la Pascua.

Hay muchos detalles en este pasaje, por ejemplo, los dos discípulos que van a la ciudad van a encontrar un hombre con un cántaro de agua, él va a llevarlos al dueño, y él va a mostrarles la sala donde pueden preparar la cena.

¿Por qué Marcos nos cuenta con tantos detalles todo esto si simplemente se trataba de la sala que iban a usar? La clave está en el versículo 16: *"Los discípulos salieron, entraron en la ciudad y encontraron todo tal y como les había dicho Jesús"*.

¿Notaste lo que Marcos resalta? *"Encontraron todo tal y como les había dicho"*. Las cosas pasaron exactamente como Jesús había dicho. Esto nos muestra que Él está en control y que está aun en los detalles más pequeños, como el lugar donde iban a comer.

Nada puede tomar por sorpresa a Jesús.

Si antes de la cena demostró que sabía lo que iba a suceder, entonces cuando leemos lo que Jesús dice durante la cena, deberíamos saber que estas cosas también va a pasar. Si Jesús dice que uno de ellos va a traicionarlo, es porque Él sabe.

Y después cuando él dice que todos van a abandonarlo y que Pedro va a negarlo, sabemos que esto también va a pasar. Todo va a suceder según la voluntad de Dios.

Como Jesús lo dijo en el versículo 21: *"El hijo del hombre se irá tal como está escrito de él"*. No hay sorpresa alguna para él en estos últimos momentos de su vida. Sin embargo, hay una ironía en este pasaje. Leamos los primeros dos versículos del capítulo 14: *Faltaban sólo dos días para la Pascua y para la fiesta de los Panes sin levadura. Los jefes de los sacerdotes y los maestros de la ley buscaban con artimañas cómo arrestar a Jesús para matarlo. Por eso decían «No durante la fiesta, no sea que se amotine el pueblo.»*

Y un poco más adelante, en los versículos 10 y 11 leemos: *Judas Iscariote, uno de los doce, fue a los jefes de los sacerdotes para entregarles a Jesús. Ellos se alegraron al oírlo, y prometieron darle dinero. Así que él buscaba la ocasión propicia para entregarlo.*

Judas y los sacerdotes estaban planificando la muerte de Jesús en secreto. No querían que nadie lo supiera. Parecía un plan brillante hecho en plena oscuridad.

Pero Jesús sabía. Él sabía exactamente lo que estaba pasando. No existía para Él secreto alguno que pudiera esconderse. Jesús estaba en control. No había sorpresas.

No sé como es en tu familia, pero en la nuestra es casi imposible sorprender a mi esposa con regalos. Ella siempre sabe. No importa si trato de esconder la sorpresa, ella casi siempre averigua. Me parece que es algo que heredó de su madre, porque su madre es igual.

Solo una vez no funcionó. Mi suegra le había preguntado a su hijos: ¿Qué me compró papá para mi cumple? Y ellos respondieron, "una piedra grande".

Entonces ella pensó que su marido le había comprado un anillo con una piedra grande, por lo que esperaba su cumpleaños con mucha anticipación.

Cuando llegó ese gran día su regalo estaba ahí en la mesa... una piedra grande, literalmente. Una escultura, bastante fea, estaba sobre la mesa... nada más. No había anillo, no eran joyas, sino simplemente ¡una piedra grande!

Pero con Jesús no había sorpresas. Él sabía lo que iba a pasar. Y éste es el primer punto importante que quiero recalcar. En esta actitud sobrenatural vemos la profundidad del amor de Jesús. Seguramente te estarás preguntando: "Pero, ¿Cómo vemos en esto el amor de Jesús?".

Porque Él sabía lo que iban a hacerle. Él no cayó en una trampa sin saberlo, sino que todo el tiempo Él sabía lo que estaban tramando contra Él y cómo iban a hacerlo. Él sabía de la traición de Judas, sabía que todos sus discípulos iban a abandonarlo y sabía que Pedro iba a negarlo.

Él sabía todo lo que iba a pasar.... pero decidió ir a la cruz de igual manera. Podía evitarla, podía cambiar la situación, podía escapar... pero NO. Decidió no hacerlo, pues sabía que la voluntad de su padre era que entregara su vida en sacrificio por el pueblo escogido de Dios.

La cruz no fue una sorpresa para Jesús. Él sabía que

iban a matarlo, pero fue igual. Fue a la cruz por amor. ¿Y qué razón tenía Jesús para hacer esto? La razón era que Él sabía cuál era la voluntad de Su padre desde el principio. Jesús conocía estas palabras, las cuales fueron escritas para ese entonces más de 600 años antes:

*Ciertamente él cargó con nuestras enfermedades
y soportó nuestros dolores,
pero nosotros lo consideramos herido,
golpeado por Dios, y humillado.
Él fue traspasado por nuestras rebeliones,
y molido por nuestras iniquidades;
sobre él recayó el castigo, precio de nuestra paz,
y gracias a sus heridas fuimos sanados.
Todos andábamos perdidos, como ovejas;
cada uno seguía su propio camino,
pero el SEÑOR hizo recaer sobre él
la iniquidad de todos nosotros.
Maltratado y humillado,
ni siquiera abrió su boca;
como cordero, fue llevado al matadero;
como oveja, enmudeció ante su trasquilador;
y ni siquiera abrió su boca.
Después de aprehenderlo y juzgarlo, le dieron muerte;
nadie se preocupó de su descendencia.
Fue arrancado de la tierra de los vivientes,
y golpeado por la transgresión de mi pueblo.
Se le asignó un sepulcro con los malvados,
y murió entre los malhechores,
aunque nunca cometió violencia alguna,
ni hubo engaño en su boca.*

Pero el SEÑOR quiso quebrantarlo y hacerlo sufrir,
y como él ofreció su vida en expiación,
verá su descendencia y prolongará sus días,
y llevará a cabo la voluntad del SEÑOR.
Después de su sufrimiento,
verá la luz y quedará satisfecho;
por su conocimiento
mi siervo justo justificará a muchos,
y cargará con las iniquidades de ellos.
Por lo tanto, le daré un puesto entre los grandes,
y repartirá el botín con los fuertes,
porque derramó su vida hasta la muerte,
y fue contado entre los transgresores.
Cargó con el pecado de muchos,
e intercedió por los pecadores".
Isaías 53:4-12 (NVI)

Jesús fue a la cruz a propósito... no fue un accidente. No fue mala suerte o que simplemente estuvo en el lugar equivocado en el momento equivocado. Jesús sabía lo que estaba haciendo y ese momento estaba en la voluntad de Dios desde el principio.

Él fue a la cruz por amor, porque sabía que era la única manera de lograr salvación para los pecadores. Esto es lo que expresa la oración de Jesús, cuando postrado sobre su rostro en el jardín de Getsemaní oró: *"Padre mío, si es posible, no me hagas beber este trago amargo. Pero no sea lo que yo quiero, sino lo que quieres tú."* Mateo 26.39 (NVI)

Vemos entonces el amor de Jesús: sabiendo lo que iba a suceder fue a la cruz igual. Fue por obediencia a Su Padre. Fue por amor a nosotros.

El dolor de ser traicionado por un amigo

Ahora bien, el hecho de que Jesús supiera lo que iba a suceder no quitaba el dolor de la situación. No significa que no le iba a doler mucho.

Leamos otra vez: *"Mientras estaban sentados a la mesa comiendo, dijo:*
—Les aseguro que uno de ustedes, que está comiendo conmigo, me va a traicionar".

Veo en esta frase de Jesús que Él siente una tristeza por todo lo que va a pasar. Cuando dice "uno de ustedes, que está comiendo conmigo" no le está hablando a un enemigo ni tampoco a un desconocido.

"Ellos se pusieron tristes, y uno tras otro empezaron a preguntarle:
—¿Acaso seré yo?"

Los discípulos se pusieron tristes, es decir, reconocieron cuán grave era la situación. Imagínate ese momento lleno de dolor. Creo que los discípulos pensaban: "Pero… ¿cómo podría alguno de nosotros traicionar al maestro?" Y por supuesto, cada uno de ellos tenía miedo de que Jesús esté hablando de él.

Porque la verdad es que nadie quiere ser el protagonista de algo tan feo, ni la persona que traiga tanto dolor y tristeza. Pero Jesús sigue hablando y dice:
"—*Es uno de los doce —contestó—, uno que moja el pan conmigo en el plato*".
Y para mí esta frase es muy emotiva. Es uno de los doce.

Uno de ellos, de los que habían estado con él por tres años. Era alguien que estaba supuestamente en el mismo equipo. Habían viajado juntos, habían comido juntos, habían compartido tantas cosas: momentos alegres como así también momentos muy difíciles. Pero la persona que traicionaría a Jesús era "uno que moja el pan conmigo en el plato", es decir, un amigo cercano, del grupo íntimo de Jesús.

El equivalente en Argentina sería "uno con quien comparto el mate". El mate es una infusión preparada con hojas de yerba mate, muy típica del pueblo argentino, el cual se caracteriza por reunir a amigos y familiares alrededor de una mesa o algún evento. Y cuando tomamos mate, compartimos la bombilla, pues es una bebida que pasa de mano en mano y se comparte con los demás.

Esta acción de tomar mate es supuestamente una acción de comunión y de intimidad. Qué dolor y qué tristeza el ser traicionado por un amigo, uno que moja el pan con él.

Y me imagino que si no todos, por lo menos algunos de nosotros hemos experimentado algo de este tipo de emoción y tristeza.

El fin de semana pasado fuimos a visitar a unos amigos en la ciudad de Rosario, en Santa Fe. Hace ya algunos años que se mudaron dejando su provincia natal, Misiones. Ellos nos contaban que la primera noche que pasaron en su nueva casa durmieron allí, pero en una carpa, pues la casa tenía paredes pero no así un techo que la cubriera.

Para colmo de males una fuerte tormenta se desató esa misma noche, por lo que se mojaron enteros. Seguramente te estarás preguntando: ¿Pero cómo es que se mudaron a una casa sin techo? La respuesta es que el constructor de la vivienda, un conocido de la iglesia, nunca llegó a terminarla, sino que se largó con el resto del dinero.

Esta es tan sólo una historia de traición y de seguro hay muchísimas más. Me imagino que entre tú y yo podríamos escribir un libro entero acerca del tema.

Algunos han sido traicionados en los negocios, tal vez por un socio que no cumplió con su parte del trato, o aun por un familiar cercano. Hay mucha gente que ha sido traicionada por amigos, familiares, esposos y aun hermanos de la iglesia. ¡Y qué feo se siente! Imagínate qué horrible sería ser traicionado por alguien con quien has compartido no solamente el pan, sino las cosas más íntimas de la vida. La traición de un esposo o una esposa entraría en las experiencias más feas de la vida, me imagino. ¡Qué tristeza produciría! ¡Qué dolor!

Amigo lector, Jesús comprende muy bien este tipo de dolor, porque Él conoció la tristeza que produce. Él entiende la situación humana. Él entiende cómo uno se siente cuando es traicionado.

Y no solo ser traicionado, en el versículo 27 leemos: *"todos ustedes me abandonarán"*. Él sabía que iba a ser abandonado por sus amigos más íntimos.

Un día hace un para de años, mi cuñado estaba de visita en uno de los tantos parques nacionales que tenemos en Australia. En ese parque había un lago pequeño, y había un grupo de jóvenes saltando desde un acantilado hacia el agua. Todo bien por un tiempo, hasta que uno de los chicos, cuando saltó del acantilado, no llegó al agua, sino que chocó contra las rocas debajo.

¡Imagínate qué dolor! El chico estaba tirado allí abajo, gritando de dolor pues se había quebrado sus dos piernas en varios lugares, así que no podía salir de donde estaba. Al escuchar los gritos mi cuñado tuvo que rápidamente cruzar el lago nadando para llegar hasta el joven y lograr ayudarlo.

Seguramente te estarás peguntando: ¿por qué tuvo que ir mi cuñado a ayudarlo? Y lamentablemente la respuesta es porque sus "amigos" ¡se fueron! ¿Puedes creerlo?

Esos muchachos vieron lo que sucedió y se fueron corriendo, porque habían tomado y fumado, así que tenían miedo de que llegara la policía.

Abandonaron a su amigo en el momento de más necesidad. En un momento tan feo, huyeron. Imagínate el dolor, no solamente de las heridas sufridas por el accidente, sino el dolor de saber que "tus amigos" te abandonaron.

Esto es lo que le pasó a Jesús. Él entiende este dolor. Aun en el peor momento de su vida, experimentando su hora más difícil, sus propios amigos no podían ni quedarse despiertos para velar en oración.

Y después de eso huyeron. Lo abandonaron a Jesús en

el jardín para morir solo. Y a Pedro le dijo, como leemos en el versículo 30: *"Te aseguro que hoy, esta misma noche, antes de que el gallo cante por segunda vez, me negarás tres veces"*.

Y Pedro, esa roca entre los discípulos, va a negar que conoce a Jesús: *"¡No lo conozco!"*

Cuando pensamos en el dolor que Jesús soportó en la cruz generalmente pensamos en el dolor físico. ¿Recuerdas la famosa película "La Pasión de Cristo"? Esta película muestra muy claramente la brutalidad y el dolor que Jesús sufrió. Fue algo muy físico. Pero el problema es que en los evangelios el énfasis es otro. Mas que enfatizar el dolor físico, los evangelistas se concentran en la humillación de Jesús.

En Marcos tenemos solamente esta frase sobre la crucifixión: *"lo crucificaron"*, y se encuentra en Marcos 15.24.

Aun así tenemos muchos detalles sobre las burlas, las blasfemias y el desprecio hacia Jesús. Se describe en detalle el fracaso de sus amigos, las traiciones y la negación. Porque hay un dolor peor que el dolor físico y ése es el dolor de sentirse solo, completamente solo.

Mi hermano y hermana en Cristo que estás leyendo

esto, Jesús conoce cómo es sentirse solo. Él fue a la cruz solo.

Fue traicionado, abandonado, negado. Sintió lo que realmente es no tener ni un amigo en el mundo, por lo que tuvo que confiar solamente en Su padre y encomendándose a hacer Su voluntad.

Como dice en Hebreos 4.14-16: *Por lo tanto, ya que en Jesús, el Hijo de Dios, tenemos un gran sumo sacerdote que ha atravesado los cielos, aferrémonos a la fe que profesamos. Porque no tenemos un sumo sacerdote incapaz de compadecerse de nuestras debilidades, sino uno que ha sido tentado en todo de la misma manera que nosotros, aunque sin pecado. Así que acerquémonos confiadamente al trono de la gracia para recibir misericordia y hallar la gracia que nos ayude en el momento que más la necesitemos.* (NVI)

Él entiende nuestras debilidades, nuestras dificultades, nuestras tentaciones y todas nuestras luchas. Y no es que Él lo comprende solamente en teoría, como algo ajeno y externo. No, él entiende porque ha experimentado y vivido todo eso y mucho más.

Su sufrimiento fue mucho más de lo que podríamos imaginar. Pero en todo, no pecó. Fue a la cruz, hizo la voluntad de su padre. Fue a la cruz solo. Fue a la cruz por nosotros.

Como dije antes, mi esperanza es que podamos crecer en dos cosas a través de este pasaje:

1. Que conozcamos mejor este amor impresionante que Jesús tiene hacia nosotros. Sabiendo lo que iba a pasar, igual fue a la cruz. Fue a la cruz por amor a Su padre. Fue a la cruz por amor a nosotros.

2. Que sepamos claramente que Jesús entiende nuestra situación. Sea cual sea tu situación, tu lucha o tu experiencia, Jesús comprende, porque Él es nuestro sumo sacerdote quien ha sido probado en todo.

Tenemos un sumo sacerdote que nos comprende porque ha vivido entre nosotros, así que no hay necesidad de buscar a otros. Hoy en día muchos creen que Jesús está muy lejos, y por lo tanto buscan a otros mediadores: al Gauchito Gil, a la Difunta, a María, etc. Simplemente porque parecen más humanos. Pero no es así. Jesús nos comprende porque Él comparte lo que es ser un ser humano.

Y como dice Hebreos, podemos acercarnos confiadamente a su trono para recibir su misericordia y hallar gracia que nos ayude en el momento cuando más la necesitemos.

3

No tengas miedo de ellos

Miedo. Es un sentimiento muy fuerte y común a todos. Hay muchos tipos de miedo, y cada uno de ellos puede influenciar nuestro comportamiento.

Por ejemplo, si yo tuviera miedo a la oscuridad, de seguro dejaría alguna luz encendida a la hora de ir a la cama. Cuando yo era chico tenía mucho miedo de los perros cuya raza fueran Pastores Alemanes, porque tuve una experiencia mala con uno de ellos. Esto trajo como consecuencia que cada vez que veo este tipo de perros quiero cruzar la calle inmediatamente para evitarlo.

Hay otro miedo muy fuerte en la raza humana: el miedo a los hombres. Miedo de lo que los otros están pensando de mí, o un miedo de no saber cómo van a tratarme los demás.

Este es un miedo muy real, especialmente para los chicos en el colegio, ya que ellos piensan: "los otros van a creer que yo soy....." y puedes llenar el espacio vacío con algún adjetivo, generalmente no muy positivo.

Este modo de pensar lo hemos aprendido en nuestra adolescencia. Pero aun así no es solo para los chicos en el colegio. Es para todos.

Por eso a veces es muy gracioso cuando un chico de 4 años, como por ejemplo mi hijo Jacob, habla con los demás. Él no tiene ese miedo que te hace preocupar sobre qué estarán pensando los demás. Por ejemplo, el puede decir sin ninguna vergüenza: "Sí, papá, tú sabes, esa mujer, ¡la mujer gorda!". Lo que estamos haciendo en este momento es enseñarle que no puede decir ese tipo de cosas tan abiertamente.

El miedo a qué pensarán los demás es tan real y tan fuerte que puede influir para siempre en nuestras vidas, porque podemos pasar mucho tiempo preocupándonos en lo que los otros están pensando de mí o lo que van a pensar si yo hago tal o cual cosa.

Y esa preocupación constante trae como consecuencia que en vez de pensar en qué es lo mejor para hacer en ese momento, pienso en qué decisión tendrá el mejor resultado para con lo demás. Es como si estuviera intentando responder la siguiente incógnita: "¿Qué puedo hacer para que los demás piensen que yo soy una persona a la moda, o buena onda?"

Creo que tenemos mucho para aprender sobre este tema, y el profeta Ezequiel puede enseñarnos mucho. Leeremos a continuación el capítulo 2 del libro de Ezequiel:

"Esa voz me dijo: «Hijo de hombre, ponte en pie, que voy a hablarte.» Mientras me hablaba, el Espíritu entró en mí, hizo que me pusiera de pie, y pude oír al que me hablaba.

Me dijo: «Hijo de hombre, te voy a enviar a los israelitas. Es una nación rebelde que se ha sublevado contra mí. Ellos y sus antepasados se han rebelado contra mí hasta el día de hoy. Te estoy enviando a un pueblo obstinado y terco, al que deberás advertirle: "Así dice el SEÑOR omnipotente."

Tal vez te escuchen, tal vez no, pues son un pueblo rebelde; pero al menos sabrán que entre ellos hay un profeta. Tú, hijo de hombre, no tengas miedo de ellos ni de sus palabras, por más que estés en medio de cardos y espinas, y vivas rodeado de escorpiones. No temas por lo que digan, ni te sientas atemorizado, porque son un pueblo obstinado. Tal vez te escuchen, tal vez no, pues son un pueblo rebelde; pero tú les proclamarás mis palabras.

Tú, hijo de hombre, atiende bien a lo que te voy a decir, y no seas rebelde como ellos. Abre tu boca y come lo que te voy a dar.» Entonces miré, y vi que una mano con un rollo escrito se extendía hacia mí. La mano abrió ante mis ojos el rollo, el cual estaba escrito por ambos lados, y contenía lamentos, gemidos y amenazas. Ezequiel 2:1-10 (NVI)

Este pasaje es el llamamiento de Ezequiel como un profeta de Dios. Dios tenía una tarea para Ezequiel, pero no era un quehacer rápido y fácil.

En el capítulo 1 Ezequiel vio una gran visión de la gloria de Dios. No podemos leer todo el capítulo ahora, pero fíjate lo que dicen los siguientes versículos:

Por encima de esa bóveda había algo semejante a un trono de zafiro, y sobre lo que parecía un trono había una figura de aspecto humano. De lo que parecía ser su cintura para arriba, vi algo que brillaba como el metal bruñido, rodeado de fuego. De su cintura para abajo, vi algo semejante al fuego, y un resplandor a su alrededor. El resplandor era semejante al del arco iris cuando aparece en las nubes en un día de lluvia. Tal era el aspecto de la gloria del SEÑOR. Ante esa visión, caí rostro en tierra y oí que una voz me hablaba. Ezequiel 1:26-28 (NVI)

Ezequiel tuvo un visión de Dios, llena de gloria, más grande y más gloriosa de lo que te puedas imaginar. En realidad las palabras no eran suficientes para capturar toda esta gloria, y ante esa visión, Ezequiel cayó rostro en tierra y oyó que una voz le hablaba.

Este Dios glorioso es el mismo que tiene una tarea para Ezequiel. Este siervo de Dios tenía que pararse para escuchar el mensaje, pero no pudo hacerlo, porque estaba contemplando a Dios en todo su esplendor. Él estaba arrodillado, tocando el suelo con la frente en actitud de adoración, lleno de miedo y de temor. Pero el Espíritu Santo de Dios lo puso en pie para que reciba sus instrucciones y la tarea que tenía por delante.

Quiero subrayar tres cosas de este llamamiento de Ezequiel. Tres partes que destaco a continuación:

1. Primero, Ezequiel tiene que proclamar las palabras de Dios, sí o sí. En el versículo 4 leemos: "Así dice el Señor." Ezequiel debía cumplir el rol de un profeta. Él no tenía un mensaje propio, sino que tenía que predicar el mensaje de Dios.

Vemos que no importa si la gente quiere escuchar o no. En realidad, Dios sabe que ellos no van a escuchar. Israel es un pueblo obstinado y terco. Aunque en ese momento ellos estaban en exilio, en Babilonia y recibiendo el castigo de Dios por su rebelión, aun así no van a escuchar a Ezequiel.

Pero al profeta esto no le importa, ya que Dios le dijo: *"Tal vez te escuchen, tal vez no, pues son un pueblo rebelde; pero al menos sabrán que entre ellos hay un profeta".*(versículo 5)

La tarea de Ezequiel es predicar el mensaje de Dios. Él no tiene responsabilidad por la respuesta a la palabra de Dios por parte de los que la escuchen ya que él no puede controlar sus actitudes. La tarea encomendada por Dios es hablar.

Esto es muy importante y se repite también en el capítulo 3:

Al cabo de los siete días, el SEÑOR me dijo lo siguiente: «Hijo de hombre, a ti te he puesto como centinela del pueblo de Israel. Por tanto, cuando oigas mi palabra, adviértele de mi parte al malvado: "Estás condenado a muerte." Si tú no le hablas al malvado ni le haces ver su mala conducta, para que siga viviendo, ese malvado morirá por causa de su pecado, pero yo te pediré cuentas de su muerte. En cambio, si tú se lo adviertes, y él no se arrepiente de su maldad ni de su mala conducta, morirá por causa de su pecado, pero tú habrás salvado tu vida. Ezequiel 3:16-19 (NVI)

La responsabilidad del profeta es ser como centinela. Él

tiene que hablar. La respuesta de los demás no debe ser su afán ni tampoco su responsabilidad.

Tenemos que recordar este punto: Los resultados no son nuestra responsabilidad. Nuestro compromiso es ser fieles con la palabra de Dios. El éxito para el siervo de Dios es ser fiel con la palabra que ha recibido.

2. La segunda parte que me gustaría destacar es la siguiente: Dios le encargó a Ezequiel que no tuviera miedo de ellos. Leemos esto en el versículo 6, que dice: "No tengas miedo de ellos ni de sus palabras".

Por supuesto que esta no iba a ser una tarea fácil. Ellos lo rechazarían. Dios mismo describe a este tipo de personas como cardos y espinas, y hasta les dice escorpiones. Esto significa que para Ezequiel no iba a ser un picnic. Este pueblo no quiere escuchar un mensaje de Dios. No quieren oír las razones por las que fueron exiliados a Babilonia.

En realidad nadie quiere escuchar la verdad acerca de sus problemas, ¿no te parece? Es mucho más fácil desechar al mensajero que escuchar las críticas hacia nuestra conducta.

Pero Ezequiel tiene que temerle al único que realmente importa. Tiene que temer a Dios. No tiene que temer a los hombres.

Es como si Dios le estuviera diciendo: "No pienses en ellos ni tampoco en sus reacciones. No te preocupes por lo que ellos piensen de ti. Lo que importa es tu relación con tu Dios".

Otra de las razones por las cuales tampoco Ezequiel debería sentir temor es porque Dios mismo le prometió estar con él para darle fuerza. Mira lo que Dios le dijo un poco más adelante:

No obstante, yo te haré tan terco y obstinado como ellos. ¡Te haré inquebrantable como el diamante, inconmovible como la roca! No les tengas miedo ni te asustes, por más que sean un pueblo rebelde. Ezequiel 3:8-9 (NVI)

Dios va a capacitar a Ezequiel para la tarea. Dios puede darle a Ezequiel la dureza para soportar los rechazos de este pueblo rebelde. De hecho, ¿Sabes lo que significa el nombre Ezequiel? Significa "Dios endurece". Ezequiel es capaz para la tarea, porque Dios lo capacitará. Por esta razón él no tiene que tener miedo de la gente.

3. La tercera parte que me gustaría destacar: Ezequiel tiene que ser diferente de la gente:

Tú, hijo de hombre, atiende bien a lo que te voy a decir, y no seas rebelde como ellos. Abre tu boca y come lo que te voy a dar.»

Entonces miré, y vi que una mano con un rollo escrito se extendía hacia mí. La mano abrió ante mis ojos el rollo, el cual estaba escrito por ambos lados, y contenía lamentos, gemidos y amenazas. Y me dijo: «Hijo de hombre, cómete este rollo escrito, y luego ve a hablarles a los israelitas.»

Yo abrí la boca y él hizo que me comiera el rollo. Luego me dijo: «Hijo de hombre, cómete el rollo que te estoy dando hasta que te sacies.» Y yo me lo comí, y era tan dulce como la miel. Ezequiel 2.8-10 y 3.1-3 (NVI)

Ezequiel tiene que recibir la palabra de Dios en su vida. No como el pueblo de Israel, que desechó la palabra de su libertador. Ezequiel tiene que obedecer a Dios y no ser rebelde como los otros. Por esta razón, en un acto simbólico, Ezequiel comió este rollo que representa la palabra de Dios.

Este rollo contiene las palabras de juicio que Ezequiel tiene que predicar al pueblo de Israel. Es una palabra de juicio y de castigo para la gente. Y hablar la palabra de Dios para Ezequiel es un acto de obediencia.

Pero lo que me parece muy interesante es que cuando Ezequiel comió ese rollo de juicio el mismo no era amargo, sino que dice que era tan dulce como la miel. Esto representa la naturaleza de la palabra de Dios. Para aquellos que son rebeldes, la palabra de Dios son como palabras amargas y mensajes de juicio, pero para aquellos que quieren recibirla, la palabra de Dios es tan dulce como la miel.

Como profeta de Dios, Ezequiel tenía que ser diferente de la gente, porque tenía que recibir la palabra en su vida interna. Sin duda que era un llamamiento difícil, porque básicamente Dios le está diciendo: "Ezequiel, tienes que predicar la palabra de Dios. No importa la reacción de mi pueblo. Tu tarea es predicar, proclamar este mensaje. Ezequiel, no tengas miedo de la gente. Hay solo uno al que le debes temer: tu Dios glorioso. No tengas miedo de los hombres, aunque sean como escorpiones. Ezequiel, tienes que recibir la palabra de Dios, este mensaje es amargo, pero para ti será dulce como la miel".

¿Qué podemos aprender del llamamiento tan serio de este profeta? Claro, seguramente estarás pensando que nosotros no somos profetas del antiguo testamento y que seguramente no tendremos que comer nuestras Biblias el día de hoy (Aunque a muchos les haría mucho bien).

Pero la realidad es que, así como Ezequiel, tenemos la

palabra de Dios. Tenemos un mensaje de parte de Dios para este mundo y como iglesia, juntos, tenemos la misión de anunciar el mensaje de Dios. Cada uno tiene un rol diferente, pero juntos, tenemos esta tarea: anunciar el mensaje de Dios hasta que Jesús vuelva.

No tenemos una opción. Esta es la tarea que la iglesia tiene en este mundo. Recibir y anunciar la palabra de Dios. Y en esta tarea, tenemos que aprender por lo menos tres cosas de Ezequiel:

Primero, lo que tiene que ver sobre la popularidad. Tenemos que anunciar la palabra de Dios a este mundo, sí o sí. Y muchas veces esta actividad no será algo popular ni aceptado por grandes multitudes. Debemos entender que no se trata de un torneo de popularidad.

Jesús entendió muy bien este concepto. Si lees con detenimiento el evangelio de Marcos te darás cuenta que Jesús estuvo con su propio pueblo, pero ellos no querían escucharlo. Para esa gente, Él era simplemente el hijo de un carpintero. Por eso Jesús dijo en una ocasión: "El profeta no recibe honra en su propio pueblo ni en su propia casa".

¿Piensas que eso detuvo a Jesús? ¡Claro que no! Porque su misión no era ser popular entre los que lo rodeaban.

Él vino para predicar las buenas noticias de parte de Dios a todos aquellos que tuvieran oídos para oír. Y él sabía que muchos no iban a recibir esta palabra. De hecho, ellos lo persiguieron, le tendieron trampas, llegaron a torturarlo y hasta consiguieron matarlo por causa de sus palabras.

A nosotros también se nos ha encomendado una misión en la cual tenemos que predicar y anunciar las buenas noticias de Dios, sí o sí. No podemos pensar en las reacciones de los demás, ya que esa no es nuestra responsabilidad. Algunos van a escuchar, otros no. Y otros van a perseguirnos.

Dios nos dice así como le dijo al profeta Ezequiel: "No tengan miedo de los hombres y sus reacciones a mi palabra. No están rechazándolos a ustedes, me están rechazando a mí".

Y no sé tú, pero yo necesito oír esta palabra, porque me he encontrado en situaciones en las que no me he atrevido a hablar por temor a lo que otros estén pensando de mí. Tantas veces me ha pasado que tengo miedo de que los demás vayan a burlarse de mí. Es ridículo, pues ya tengo 40 años. Pero todavía estoy pensando demasiado en las reacciones de lo demás y no en mi responsabilidad ante Dios.

La segunda aplicación está también muy relacionada con esta idea. Tenemos que pensar en nuestros motivos. ¿Cuál es tu motivación para hablar de Jesucristo? ¿Hablarás solamente cuando piensas que la persona va a recibirlo? ¿Hablarás solamente cuando es algo que el mundo quiere escuchar?

Tal vez pienses: "Bueno, voy a hablar sobre el amor de Dios porque es algo bonito, pero mejor no menciono el juicio de Dios, porque la gente no quiere oír este tipo de mensaje". Lamentablemente este tipo de actitud es una gran tentación para muchas iglesias hoy en día, ya que sólo quieren decir las cosas que la gente quiere oír. No quieren ser profetas, solo quiere ser consoladores. Y es una tentación también entre los pastores, pues solamente hablan de las cosas agradables, de los temas que la gente quiere escuchar.

Pablo dice en la segunda carta a Timoteo: *porque llegará el tiempo en que no van a tolerar la sana doctrina, sino que llevados de sus propios deseos, se rodearán de maestros que les digan las novelerías que quieren oír.* 2 Timoteo 4.3 (NVI)

Creo que por esta razón es una buena idea tener un leccionario u otro sistema para la lectura y la predicación de la Biblia en la iglesia. Por ejemplo, la prédica de la Biblia libro por libro o pasaje por pasaje ayudaría para que el pastor no pueda elegir solo los pasajes que él quiere o aquellos pasajes que la gente quiere escuchar.

Nuestra motivación no debe ser que la gente nos agradezca. No, nuestro motivo es glorificar a Dios. Tenemos que declarar la palabra de Dios y ya sea que la gente la escuche o no Dios será glorificado.

Esta era la motivación de Ezequiel: glorificar Dios, darle toda la gloria a él. En el libro de Ezequiel hay una frase muy importante: *"entonces sabrán que soy el Señor"*. Ezequiel 33.15.

Dios va a salvar, no porque la gente lo merezca, sino para que su nombre sea glorificado. Y esta es la razón más importante para nosotros. Sí, predicamos porque queremos ser obedientes. Pero es más que eso: Predicamos la palabra de Dios porque queremos glorificar su nombre. Queremos llevarle gloria a él. Si entendemos quién es Dios, entenderemos su gloria, su majestad y vamos a querer predicar esta gloria a todo el mundo.

La tercera cosa que podemos aprender de Ezequiel es sufrimiento. La realidad para aquellos que quieren predicar la palabra de Dios en este mundo conlleva el sufrimiento. Si vamos a predicar un mensaje íntegro, un mensaje que algunos no quieren escuchar, entonces vamos a sufrir de una u otra manera.

Por eso el sufrimiento no debería ser visto como un golpe bajo. Recuerda que tenemos el ejemplo de Jesús, y Él era un hombre de sufrimiento.

En esta vida el sufrimiento es algo normal para los discípulos de Jesucristo. Y no solamente el sufrimiento que experimentan todos los que viven en este mundo. Hay un sufrimiento especial para los cristianos a causa de la palabra de Dios. Cuando vivimos la palabra de Dios, no podemos evitar el sufrimiento.

Hay varios ejemplos de esto que seguramente ya están pasando por tu cabeza, experiencias en tu trabajo, en el colegio, en la universidad y aun en tu hogar. Por ejemplo, si trabajamos con integridad y honestidad, puede ser que tengamos problemas con otros que no quieren trabajar de la misma manera.

Pero como dice Pablo en corintios, el sufrimiento por causa de la palabra de Dios es algo riquísimo:

Pero él me dijo: «Te basta con mi gracia, pues mi poder se perfecciona en la debilidad.» Por lo tanto, gustosamente haré más bien alarde de mis debilidades, para que permanezca sobre mí el poder de Cristo. 10 Por eso me regocijo en debilidades, insultos, privaciones, persecuciones y dificultades que sufro por Cristo;

porque cuando soy débil, entonces soy fuerte. 2 Corintios 12:9-10 (NVI)

Nuestro sufrimiento es el momento perfecto para que la gloria de Dios brille. Porque es en este momento cuando es muy claro para todos los que nos rodean que toda la gloria va dirigida hacia Dios, no a nosotros. Cuando soy débil, entonces soy fuerte.

Estimado lector, así como Ezequiel, nosotros tenemos un mensaje para el mundo entero. Tenemos el mensaje de Dios para este mundo. No es solamente un pedazo de sabiduría humana para compartir. Tenemos el evangelio que es poder de Dios: el mensaje sobre Jesucristo y la salvación que podemos tener en él.

Y juntos como una iglesia tenemos que anunciar este evangelio. No podemos callarnos. Tenemos que hablar, sí o sí, porque Dios hizo algo maravilloso en Jesucristo. Dios envió a su hijo único para morir por nosotros. Él murió en tu lugar, en mi lugar. El tomó el castigo que yo merecía. Y ahora, en él yo puedo tener vida. Tenemos un mensaje increíble. Tenemos que anunciar este mensaje, porque queremos glorificar a Dios. Dios, quien hizo todo esto en Jesucristo, merece toda la gloria.

No todos van a escuchar este mensaje. Muchos van a

rechazarlo. Algunos van a perseguirnos. Pero tenemos que hablar, sí o sí.

Como dice Pablo en 2 Corintios: *Porque para Dios nosotros somos el aroma de Cristo entre los que se salvan y entre los que se pierden. Para éstos somos olor de muerte que los lleva a la muerte; para aquellos, olor de vida que los lleva a la vida. ¿Y quién es competente para semejante tarea? A diferencia de muchos, nosotros no somos de los que trafican con la palabra de Dios. Más bien, hablamos de sinceridad delante de él en Cristo, como enviados de Dios que somos.* 2 Corintios 2.15-17 (NVI)

Así que no tengas miedo de los hombres y sus reacciones. No tengas miedo de lo que otros puedan pensar de ti. No pienses en cómo ganar el premio de popularidad. Es mejor tener temor de Dios y predicar Su palabra para que así glorifiquemos su Santo nombre.

4

La gracia de Dios que enseña cómo vivir

En esta sección veremos que la gracia que trae salvación también nos enseña cómo vivir mientras esperamos la venida de Jesús, porque Él se entregó por nosotros para rescatarnos de toda maldad y purificar para sí un pueblo elegido, dedicado a hacer el bien.

Hace poco tuve el enorme privilegio de compartir en el campamento de pre-adolescentes que organizó nuestra iglesia. El tema del campamento de los pre era "Sé diferente", es decir, sé distinto del mundo.

Y sucedió que mientras preparaba las charlas para este

evento me di cuenta que es muy importante que entendamos el "por qué" de la vida cristiana.

No es suficiente con simplemente decirles a los chicos que sean distintos y diferentes a los demás. Ellos necesitan entender las razones y los motivos. Necesitan entender por qué Jesús quiere que seamos distintos.

Si vamos a nadar contra la corriente, ¡necesitamos tener bien en claro el por qué! Puesto que si no tenemos claros nuestros motivos y las razones por las cuales ser diferentes del mundo, no vamos a perseverar ni tampoco vamos a perdurar en la vida cristiana. Necesitamos entender las motivaciones para vivir la vida cristiana.

Nadar contra la corriente cansa mucho, y si no sabemos por qué lo estamos haciendo, en algún momento vamos a dejar de hacerlo.

Por esta razón creo que este mensaje es para todas las edades: para niños, adolescentes, jóvenes y adultos. Creo que es un mensaje que todos necesitamos escuchar.

A continuación analizaremos un pasaje que se encuentra en el libro de Tito. En esta carta de Pablo, él está instruyendo a Tito, su compañero en el ministerio, en lo que tiene que hacer y enseñar en Creta.

Y vemos en el capítulo 2 que Pablo escribe lo que Tito debe enseñar a los distintos grupos en la iglesia sobre cómo deben vivir: a los ancianos, a las ancianas, a las muchachas, a los jóvenes y a los esclavos.

En los versículos 11 al 14 tenemos la motivación para todas estas actividades. Allí leemos el verdadero porqué que inspira a llevar a cabo este estilo de vida.

En verdad, Dios ha manifestado a toda la humanidad su gracia, la cual trae salvación y nos enseña a rechazar la impiedad y las pasiones mundanas. Así podremos vivir en este mundo con justicia, piedad y dominio propio, mientras aguardamos la bendita esperanza, es decir, la gloriosa venida de nuestro gran Dios y Salvador Jesucristo. Él se entregó por nosotros para rescatarnos de toda maldad y purificar para sí un pueblo elegido, dedicado a hacer el bien. Tito 2:11-14 (NVI)

Y todo empieza con la gracia. Dios ha manifestado a todos su gracia, su generosidad. ¿Cómo? En Jesucristo, en la cruz y resurrección de Jesús. Y esta gracia trae salvación.

Dios no nos trata como merecemos ser tratados. En lugar de castigarnos con muerte eterna por nuestra rebelión contra Él, nos trata con misericordia y gracia, y nos da salvación. Somos salvos de su ira y castigo. Con esta gracia empieza la vida cristiana.

Pero si leíste con atención el pasaje anterior no es que solamente empezamos con gracia, sino que también continuamos con la gracia de Dios a lo largo de toda nuestra vida cristiana.

En verdad, Dios ha manifestado a toda la humanidad su gracia, la cual trae salvación y nos enseña a rechazar la impiedad y las pasiones mundanas. Así podremos vivir en este mundo con justicia, piedad y dominio propio, mientras aguardamos la bendita esperanza, es decir, la gloriosa venida de nuestro gran Dios y Salvador Jesucristo. (Énfasis añadido por el autor)

La gracia de Dios, manifestada en Jesús, hace dos cosas:

Primero, nos trae salvación. Empezamos la vida cristiana y entablamos una relación con Dios a través de esta gracia. Y segundo, la gracia de Dios nos enseña cómo vivir mientras esperamos la segunda venida de Jesús.

La misma gracia que nos trae salvación también nos enseña a rechazar la impiedad y las pasiones mundanas. Y esta misma gracia nos enseña a vivir con justicia, piedad y dominio propio.

¡Esto es muy importante! Me parece que muchos cristianos se confunden con esto. Piensan que uno empieza la vida cristiana por gracia, recibiendo la salvación de Dios como un regalo, pero que luego se sigue en la vida cristiana de otra forma: Piensan que se crece en la vida cristiana por reglas, o al buscar otras experiencias, o lo que sea.

Y aun hay otros que piensan que la gracia de Dios les da una licencia para vivir de cualquier manera: "Dios me perdona, entonces hago lo que quiero".

Pero no es así. La gracia de Dios que nos trae salvación también nos enseña cómo vivir la vida cristiana. Vivimos la vida cristiana también por gracia, dependiendo de la bondad de Dios.

Tal vez te estés preguntado, "Pero, ¿cómo puede ser? ¿Cómo es que la gracia de Dios hace estas dos cosas? ¿Cómo es que la gracia de Dios puede traernos salvación y enseñarnos también cómo debemos vivir?"

Bueno, la clave está en el versículo 14, y no debe sorprendernos que tiene que ver con Jesús:

Él se entregó por nosotros para rescatarnos de toda maldad y purificar para sí un pueblo elegido, dedicado a hacer el bien.

Él se entregó por nosotros

Todo tiene que ver con Jesús y lo que Dios hizo a través de Jesús. Y aquí dice que Él se entregó. ¿Qué significa este frase "se entregó por nosotros"?

Jesús dio su vida por nosotros. Como dijo en la última cena: "este pan es mi cuerpo dado por ustedes. Esta copa es mi sangre derramada por ustedes".

Como vimos anteriormente, Él fue a la cruz a propósito. No necesitaba morir pues no había cometido ningún pecado, pero de todas maneras decidió ir a la cruz.

El evangelio de Lucas, en el capítulo 22 relata que Jesús está en la cruz y tres veces alguien le dice: "Sálvate a ti mismo". Los gobernantes de los judíos, los soldados y uno de los criminales que estaba por morir con él le dijeron: "Sálvate a ti mismo".

Pero Jesús no les hizo caso, porque sabía que al no salvarse a sí mismo traía salvación a todos los que creerían en él. Esta es la manifestación de la gracia de Dios: que Jesús se entregó por nosotros. Que no se salvó a sí mismo, sino que dio su vida por nosotros.

En esto vemos la profundidad de la entrega de Jesús. La gracia de Dios nos enseña cuando pensamos en la profundidad y la inmensidad de la entrega de Jesús. El resto del versículo 14 nos explica el propósito de la muerte de Jesús.

Para rescatarnos de toda maldad

El primer objetivo de Jesús en morir en la cruz es rescatarnos. Su muerte es un rescate. Se entregó para rescatarnos de toda maldad.

Pero, ¿En qué consiste esta maldad? En el capítulo 3 de Tito vemos algunos ejemplos:

En otro tiempo también nosotros éramos necios y desobedientes. Estábamos descarriados y éramos esclavos de todo género de pasiones y placeres. Vivíamos en la malicia y en la envidia. Éramos detestables y nos odiábamos unos a otros. Pero cuando se manifestaron la bondad y el amor de Dios nuestro Salvador, él nos salvó, no por nuestras propias obras de justicia sino por su misericordia. Tito 3:3-5 (NVI)

Nota las siguientes palabras: necios, desobedientes, descarriados, esclavos, malicia, envidia, odio. Esta maldad es la vida en rebelión contra Dios. Representa la vida de aquel que ignora a Dios y no toma en cuenta sus caminos, haciendo lo que a esa persona se le antoja. Pero esta rebelión tiene sus consecuencias: ahora, en la vida presente, pero también después, en la venidera.

Si no vivimos como Dios quiere y hacemos lo que nosotros queremos, entonces merecemos el castigo de Dios por esta rebelión.

Por un lado Jesús murió, tomando el castigo que merecíamos nosotros. Nos rescató del castigo que viene por nuestra maldad, que viene por causa de nuestra rebelión contra Dios. Jesús nos rescata de este castigo que significa la muerte eterna.

Pero la muerte de Jesús no acaba en eso solamente. Él nos rescata de toda maldad para que no tengamos que seguir viviendo de esta manera.

Mira otra vez el principio del versículo 3: *En otro tiempo también nosotros éramos necios y desobedientes.*

Pablo habla del pasado cuando dice "éramos, estábamos", pero ahora la situación es bien diferente. No tenemos que seguir viviendo así. Jesús no solamente nos rescató del castigo por nuestros pecados, sino que también quitó el poder que el pecado tenía sobre nosotros. Nos rescató de la esclavitud al pecado.

Por eso ya no tenemos que seguir viviendo bajo el dominio del pecado.

No hace mucho vi un video escalofriante. Se veía a una persona en el mar pidiendo ayuda, rodeada de tiburones. Gracias a Dios pudo ser rescatada a tiempo y salvar su vida. Se puede ver la valentía de las personas que intervinieron para salvar la vida de este hombre. Es un rescate increíble.

¿Que pensarías si este hombre, después de ser rescatado dijera, "bueno, ahora quiero meterme un rato más en el agua"? La verdad que sería una locura si después de ser rescatado de tanto peligro, él quisiera volver nuevamente al agua.

Lo mismo pasa con nosotros. Jesús nos rescató de toda maldad. ¿Por qué queremos volver? Ya no estamos obligados a seguir viviendo como esclavos de las pasiones y los placeres.

Ya no estamos obligados a seguir viviendo con envidia y odio, con egoísmo y mentiras. Jesús nos rescató de todo eso. ¿Por qué queremos volver a esta antigua manera de vivir? No tiene sentido.

Esta es, entonces, la primera manera en la cual la gracia de Dios no solamente nos trae salvación, sino que también nos enseña cómo vivir como cristianos.

En verdad, Dios ha manifestado a toda la humanidad su gracia, la cual trae salvación y nos enseña a rechazar la impiedad y las pasiones mundanas.

La gracia de Dios también nos enseña a rechazar la impiedad y las pasiones mundanas. Si realmente entendemos que Jesús nos rescató de toda maldad, entonces no vamos a querer volver a vivir de otra manera. Si entendemos que hemos sido rescatados de la esclavitud entonces no vamos a querer volver a vivir en esa esclavitud.

Para purificar para sí un pueblo elegido

El segundo objetivo por el cual Jesús se entregó por nosotros es para purificar para sí un pueblo elegido.

El propósito de Jesús en entregarse a sí mismo es crear un pueblo nuevo. Un pueblo purificado, limpio. Un pueblo apartado y distinto.

La palabra que la Nueva Versión Internacional traduce como "elegido" es una palabra que viene del Antiguo Testamento. La encontramos por ejemplo en Éxodo

19:4-6:

Ustedes son testigos de lo que hice con Egipto, y de que los he traído hacia mí como sobre alas de águila. Si ahora ustedes me son del todo obedientes, y cumplen mi pacto, serán mi propiedad exclusiva entre todas las naciones. Aunque toda la tierra me pertenece, ustedes serán para mí un reino de sacerdotes y una nación santa.

Dios había sacado a Israel de Egipto, los había librado de la esclavitud y de toda maldad. Dios los rescató de Egipto para que pudieran ser su pueblo especial. Es como si Dios dijera: "Quiero un pueblo que sea mi propiedad exclusiva".

Él deseaba una nación especial entre todas las naciones, Su tesoro, Su pueblo apartado solo para él, Su nación santa.

Y la muerte de Jesús trae consigo el mismo propósito. Nos rescató de toda maldad para purificarse para sí un pueblo especial, un pueblo distinto, su tesoro. Un pueblo que tendría una relación especial con él.

Jesús está formando un pueblo nuevo, constituido por los que creen en él. Es un pueblo distinto al mundo. Tiene otras características, otras prioridades, otro estilo de vida.

Fue interesante charlar con los pre-adolescentes sobre este punto cuando estuvimos de campamento. La pregunta era: ¿en qué cosas quiere Jesús que seamos distintos del mundo?

Los chicos mencionaron muchas cosas relacionadas a nuestras palabras. Y tienen razón: el pueblo de Dios debe tener otra formar de hablar. Y esto no se trata de simplemente no usar malas palabras, sino en todo: Dios quiere que seamos personas que hablan bien del otro, incluso cuando la persona no está presente, que seamos personas que hablan con respeto a las autoridades y personas que buscan palabras de edificación, no de destrucción.

Jesús quiere un pueblo que hable en una manera distinta.

El ser humano sabe domar y, en efecto, ha domado toda clase de fieras, de aves, de reptiles y de bestias marinas; pero nadie puede domar la lengua. Es un mal irrefrenable, lleno de veneno mortal.

Con la lengua bendecimos a nuestro Señor y Padre, y con ella maldecimos a las personas, creadas a imagen de Dios. De una misma boca salen bendición y maldición. Hermanos míos, esto no debe ser así. Santiago 3.7-10 (NVI)

Hay muchas aéreas de nuestra vida en que debemos ser

distintos del mundo y en las que debemos llevar una vida diferente. Un área importante del que no hablamos suficientemente en mi opinión es el contentamiento o la satisfacción.

Vivimos en un mundo que nunca está satisfecho: siempre quiere más, siempre busca más, y cuando lo encuentra no basta, ¡necesita aun más!

Y este tipo de pensamiento está arraigado muy profundamente en nuestras vidas: "necesito la próxima edición, necesito lo que tienen los demás, necesito el último modelo, necesito el mismo pero más grande, etc. Y no voy a estar satisfecho hasta que tenga lo que tiene todo el mundo."

Pero aunque lo consigas, siempre habrá algo más que puedes desear tener. Hoy en día es muy común que nuestros hijos se acerquen y se produzca el siguiente diálogo: "Papá, todos los otros chicos lo tienen. ¿Por qué yo no puedo tener uno? No es justo".

Fíjate en la tecnología, por ejemplo. Todos los días hay un nuevo dispositivo electrónico que puedes adquirir a muy bajo costo. El que te compras hoy ya será antiguo la semana que viene, porque saldrá uno más nuevo y bonito que el que tienes hoy.

Vivimos en un mundo así, nuestros hijos crecen en un mundo así. Pero necesitamos aprender a tener una actitud diferente.

No digo esto porque esté necesitado, pues he aprendido a estar satisfecho en cualquier situación en que me encuentre. Sé lo que es vivir en la pobreza, y lo que es vivir en la abundancia. He aprendido a vivir en todas y cada una de las circunstancias, tanto a quedar saciado como a pasar hambre, a tener de sobra como a sufrir escasez. Todo lo puedo en Cristo que me fortalece.
Filipenses 4: 11-13 (NVI)

Acabamos de ver dos ejemplos en los cuales podemos poner en práctica el vivir una vida diferente: en nuestro hablar, y en nuestro contentamiento. Por supuesto, hay muchas otras áreas que se podrían mencionar, pero lo que tenemos que entender es que Jesús se entregó para crear un pueblo especial, un pueblo que tiene una relación personal con él y un pueblo que vive de una manera distinta al mundo.

Una vez más, es la gracia de Dios que nos enseña todo esto, como leemos nuevamente en los versículos 12 al 13 de Tito:

En verdad, Dios ha manifestado a toda la humanidad su gracia, la cual trae salvación y nos enseña a rechazar la impiedad y las pasiones mundanas. Así podremos vivir en este mundo con justicia, piedad y dominio propio, mientras aguardamos la bendita esperanza, es decir, la gloriosa venida de nuestro gran Dios y Salvador Jesucristo.

Somos parte de este nuevo pueblo por gracia, no porque lo merezcamos. No por nuestras obras, sino por la gracia de Dios.

Este es un pueblo formado por gracia, salvo por gracia, con el privilegio de ser el pueblo especial de Jesús. Pero también con la responsabilidad de vivir a la manera en que Él quiere que vivamos

Dedicado a hacer el bien

¿Cuál es el propósito de este pueblo especial? Lo vemos en el versículo 14 de Tito capítulo 2:

Él se entregó por nosotros para rescatarnos de toda maldad y purificar para sí un pueblo elegido, dedicado a hacer el bien.

Lo que Jesús quiere no es solamente un pueblo separado del mundo. Él quiere un pueblo dedicado a hacer el bien. En esto me parece que muchos cristianos se confunden.

Muchos piensan que la vida cristiana simplemente

consiste en el "no", en una lista de cosas que tengo que evitar. Hay gente que piensa del cristiano como aquel que no usa malas palabras, no tiene relaciones sexuales fuera del matrimonio, no miente, no roba, no…, no…, etc.

De esta forma se piensa que si yo no hago estas cosas estoy viviendo la vida cristiana.

Pero no es así. No es suficiente con solamente evitar las malas prácticas. Es mucho más que eso. Y esto me lleva a pensar en mi rol como padre. Yo simplemente podría decir: "A mis hijos no les voy a gritar, no les voy a pegar y no les haré daño".

Pero ser un buen padre es mucho más que eso. Es buscar el bien de ellos. Es lo mismo en todas las áreas de la vida, ya seas empleado, vecino, amigo, hijo o hija.

Entonces, cuando dice en este pasaje que Jesús quiere un pueblo distinto y separado, la idea no es que se escondan en un lugar lejos del mundo.

Jesús quiere un pueblo purificado, sí, pero un pueblo dedicado a hacer el bien. Un pueblo activo, no escondido. Un pueblo dedicado a amar, a servir, a buscar el bien del otro. Un pueblo distinto, especial, porque es un pueblo que no busca sus propios intereses, sino que busca los intereses de los otros.

En realidad, esta es la manera en la que vamos a ser más visiblemente distintos del mundo. Porque en el mundo todos están pensando en su propio bien, en su propio progreso, en sus propios intereses, pero el pueblo de Dios debe estar dedicado a hacer el bien, pensando en el bien del otro, pensando en cómo servir como lo hizo Jesús.

Somos un pueblo salvo, no por buenas obras, sino para buenas obras. Jesús no nos salvó por el bien que hemos hecho, sino que nos salvó para que podamos hacer el bien.

Conclusión

Espero que hayas podido apreciar que lo que hemos leído en Tito 2:11-14 no es solamente un versículo para algunos, sino para todos, ya que en realidad nos explica cómo se debe vivir la vida cristiana.

Nos explica cómo es que podemos tener salvación: Jesús se entregó por nosotros. Dio su vida. Nos explica que tenemos salvación por gracia, por lo que él hizo por nosotros. No por lo que hemos hecho.

También nos explica cómo toda la vida cristiana es vivida en la gracia. Porque Jesús nos rescató, a través de la gracia, con un propósito.

Se entregó para rescatarnos de toda maldad, para que no volvamos a la mugre, para que no volvamos a la rebeldía, a la envidia, al egoísmo. Y se entregó para purificar un pueblo especial, un pueblo distinto, un pueblo dedicado a hacer el bien.

En esto tenemos los motivos para vivir la vida cristiana, las razones. Empezamos la vida cristiana por gracia, y seguimos en la vida cristiana por gracia. Si por gracia somos un pueblo rescatado, entonces no volvamos a la maldad, rechacemos las pasiones mundanas.

Si somos un pueblo especial y privilegiado, entonces vivamos vidas distintas al mundo. Si somos un pueblo dedicado a hacer el bien, entonces no vivamos nuestra vida simplemente evitando el mal, sino que seamos protagonistas en hacer el bien.

Si entendemos bien que nuestra motivación es la gracia de Dios mostrada en Cristo y su entrega por nosotros, podemos nadar contra la corriente y nunca cansarnos, pues su gracia nos fortalece constantemente.

Estimado Lector

Nos interesa mucho sus comentarios y opiniones sobre esta obra. Por favor ayúdenos comentando sobre este libro. Puede hacerlo dejando una reseña en la tienda donde lo ha adquirido.

Puede también escribirnos por correo electrónico a la dirección info@editorialimagen.com

Si desea más libros como éste puedes visitar el sitio de **Editorialimagen.com** para ver los nuevos títulos disponibles y aprovechar los descuentos y precios especiales que publicamos cada semana.

Allí mismo puede contactarnos directamente si tiene dudas, preguntas o cualquier sugerencia. ¡Esperamos saber de usted!

Más libros de interés

Dios está en Control - Descubre cómo librarte de tus temores y disfrutar la paz de Dios

En este libro, el pastor Jorge Lozano, quien nació en México y vive en Argentina desde hace más de 20 años, nos enseña cómo librarnos de los temores para que podamos experimentar la paz de Dios.

La Ley Dietética - La clave de Dios para la salud y la felicidad

Es hora de que rompamos la miserable barrera nutricional y empecemos a disfrutar de la buena salud y el bienestar que Dios quiere que tengamos. Al leer este libro descubrirás los fundamentos para edificar un cuerpo fuerte y sano que dure mucho tiempo, para que disfrutes la vida y para que sirvas al Señor y a su pueblo por muchos años.

El Poder Espiritual de las Siete Fiestas de Dios - Descubre la relevancia que estas celebraciones tienen para el cristiano y los eventos futuros.

La perspectiva espiritual se agudiza llevándonos a comprender que los designios de Dios, muchas veces, son más complejos que lo que aparentan ser a primera vista. Esto es lo que podemos ver en las fiestas que Él dio al pueblo de Israel en el tiempo de Moisés. Cada una de las fiestas tiene un significado y un propósito más allá de ser una simple celebración.

Perlas de Gran Precio - Descubriendo verdades escondidas de la Palabra de Dios

Una perla que se produce en el mar tiene un valor muy alto. El proceso comienza es un diminuto grano de arena y con el tiempo se convierte en algo muy bello que muchos buscan y codician. Este proceso ha llevado su tiempo – ¡puede ser hasta 10 años! Por esa razón una perla genuina es un objeto muy costoso y encontrarla es un verdadero triunfo.

Vida Cristiana Victoriosa - Fortalece tu fe para caminar más cerca de Dios

En este libro descubrirás cómo vivir la vida victoriosa, Cómo ser amigo de Dios y ganarse Su favor, Lo que hace la diferencia, Cómo te ve Dios, Cómo ser un guerrero de Dios, La grandeza de nuestro Dios, La verdadera adoración, Cómo vencer la tentación y Por qué Dios permite el sufrimiento, entre muchos otros temas.

Una ventana abierta en el cielo – Un comentario bíblico del Apocalipsis de San Juan

¿Qué pasará con la humanidad? ¿Será destruido el planeta tierra? No hay dudas que nuestro planeta sufre los peores momentos. Ante una cada vez más intensa ola de desastres naturales y la presente realidad de una sociedad resquebrajada moralmente. Surgen las preguntas: ¿Hacia dónde se encamina la humanidad entera? ¿Tiene su historia un propósito? ¿Dónde encontrar respuestas?

El Apocalipsis de San Juan nos transporta en el espíritu a la verdadera realidad. La puerta del cielo le es abierta. Allí recibe revelaciones, pero también respuestas que nadie más puede brindarnos. Nosotros tenemos el privilegio de conocerlas.

www.ingramcontent.com/pod-product-compliance
Lightning Source LLC
Chambersburg PA
CBHW052106070526
44584CB00017B/2355